UM OLHAR SOBRE O DESIGN BRASILEIRO

EDIÇÃO REVISITADA SÃO PAULO 2012

SENAI-SP editora   objeto brasil Ⓑ®

SENAI-SP editora

© Objeto Brasil, 2012

CONSELHO EDITORIAL
Presidente
Paulo Skaf

Walter Vicioni Gonçalves
Débora Cypriano Botelho
Ricardo Figueiredo Terra
Roberto Monteiro Spada
Neusa Mariani

Design

Editor
Rodrigo de Faria e Silva
Editora Assistente
Juliana Farias
Produção Gráfica
Paula Loreto
Projeto Gráfico e Diagramação
Nasha Gil
Revisão
Adir Lima

PRINTED IN BRAZIL 2012

ASSOCIAÇÃO OBJETO BRASIL
Concepção Editorial
Joice Joppert Leal
Editora Executiva
Luci Ayala

EDIÇÃO REVISITADA
SÃO PAULO 2012

Secretário de Redação
Djalma Lima
Reportagem
Márcia Blasques
Tratamento de Imagens
Objeto Comunicação Digital
Pesquisa Iconográfica
Etoile Shaw
Patrícia Chiarini
Revisão
Jô Santucci
Beneh Mendes
Assistentes de Produção
Rodrigo Santiago – "Santo_O"
Daniel Prata dos Santos
Assessoria Jurídica
Diego Borba Mendes
Assessoria de Comunicação
Teresa Mattos

AGRADECIMENTOS
Alessandro Ventura,
Antônio Baltazar Ramos,
Aref Farkouh,
Carlos Eduardo M. Ferreira,
Carlos Mauro Fonseca Rosas,
Catarina Pucci,
Cicero Feltrin,
Edson Vaz Musa,
Embaixador Edgard T. Ribeiro,
Fausto Guilherme Longo,
Joel Padula,
José Rincon Ferreira,
Julio Moreno,
Luiz Carlos Barboza,
Marcos Ribeiro Mendonça,
Marcelo Araújo,
Marcelo Suzuki,
Nancy Melo,
Nelson I Petzold,
Osvaldo Martins,
Paulo César Rezende C. Alvim,
Pedro Garcia,
Renato Castanhari Junior,
Sérgio Barbour,
Sheila Brabo,
Vicente Gil
e a todos que colaboraram
para a realização desta obra.

ASSOCIAÇÃO OBJETO BRASIL
Rua Natingui 1148
05443.002 São Paulo SP
+55 11 **3032 7191**
associacao@objetobrasil.com.br
www.objetobrasil.com.br

SENAI-SP Editora
Avenida Paulista 1313 4º andar
01311.923 São Paulo SP
+55 11 **3146 7308**
editora@sesisenaisp.org.br
www.senaispeditora.com.br

Objeto Brasil
   Um olhar sobre o design brasileiro /
Associação Objeto Brasil. Edição revisitada – São Paulo: SENAI-SP editora;
Associação Objeto Brasil, 2012. (Design)
   340 p. il.

   ISBN 978-85-65418-59-1

   1. Desenho industrial 2. Design 3. Desenvolvimento de produtos
   I. Associação Objeto Brasil II. Título
CDD – 745.20981

Índices para catálogo sistemático:
1. Desenho industrial: Desenvolvimento de produtos
2. Design: Desenvolvimento de produtos
Bibliotecárias responsáveis: Elisângela Soares CRB 8/6565
                            Josilma Gonçalves Amato CRB 8/8122

UM OLHAR SOBRE O
DESIGN BRASILEIRO
EDIÇÃO REVISITADA SÃO PAULO 2012

4 PAULO SKAF,
PRESIDENTE DA FEDERAÇÃO DAS INDÚSTRIAS DO ESTADO DE SÃO PAULO – FIESP E DO SENAI-SP

Dotados de vontade e inteligência, os seres humanos são as únicas criaturas capazes de intervir no mundo à sua volta e transformar, de maneira definitiva, o ambiente em que vivem. Ao longo de sua evolução, aprenderam a sujeitar a natureza às suas necessidades, e desenvolveram as habilidades de criar instrumentos úteis para garantir a própria sobrevivência e a perpetuação da espécie.

Mesmo o artesão mais primitivo já demonstrava preocupar-se tanto com a eficiência das formas que produzia quanto com a sua plasticidade. Assim, das armas e utensílios da pré-história até as moderníssimas criações de Phillipe Starck e dos Irmãos Campana, das cavernas até a era da exploração espacial, o design foi se consolidando como testemunho fiel da trajetória humana.

O aprimoramento industrial dos últimos cem anos levou o design a atingir a excelência como um produto em si mesmo, criando ao seu redor um mercado extremamente ágil e competitivo em escala mundial. O Brasil tem participado de maneira dinâmica dessa indústria, figurando como um dos maiores polos criativos do planeta. Apresentar esse um panorama é o objetivo da edição revisitada do livro **Um Olhar Sobre o Design Brasileiro**, que a SENAI-SP Editora organizou como um rico subsídio de informações e inspiração para estudantes e profissionais da área.

6

Falar em design é importante, mas sentir o design é outra coisa, muito mais pessoal e intuitiva. Provoca satisfação íntima, e uma sensação de beleza e de prazer.

Um livro bem impresso, bem diagramado, bem ilustrado, fácil de manusear, é uma introdução ideal para a leitura. Um café servido numa xicrinha de porcelana leve, fácil de segurar, bebe-se com gosto. Uma poltrona agradável, são todas coisas que desde logo asseguram bem-estar, e nos fazem sentir, intuitivamente, que há no mundo muita beleza, e que o dia-a-dia pode ser bem agradável.

Cultivemos, pois, o bom design!

José Mindlin

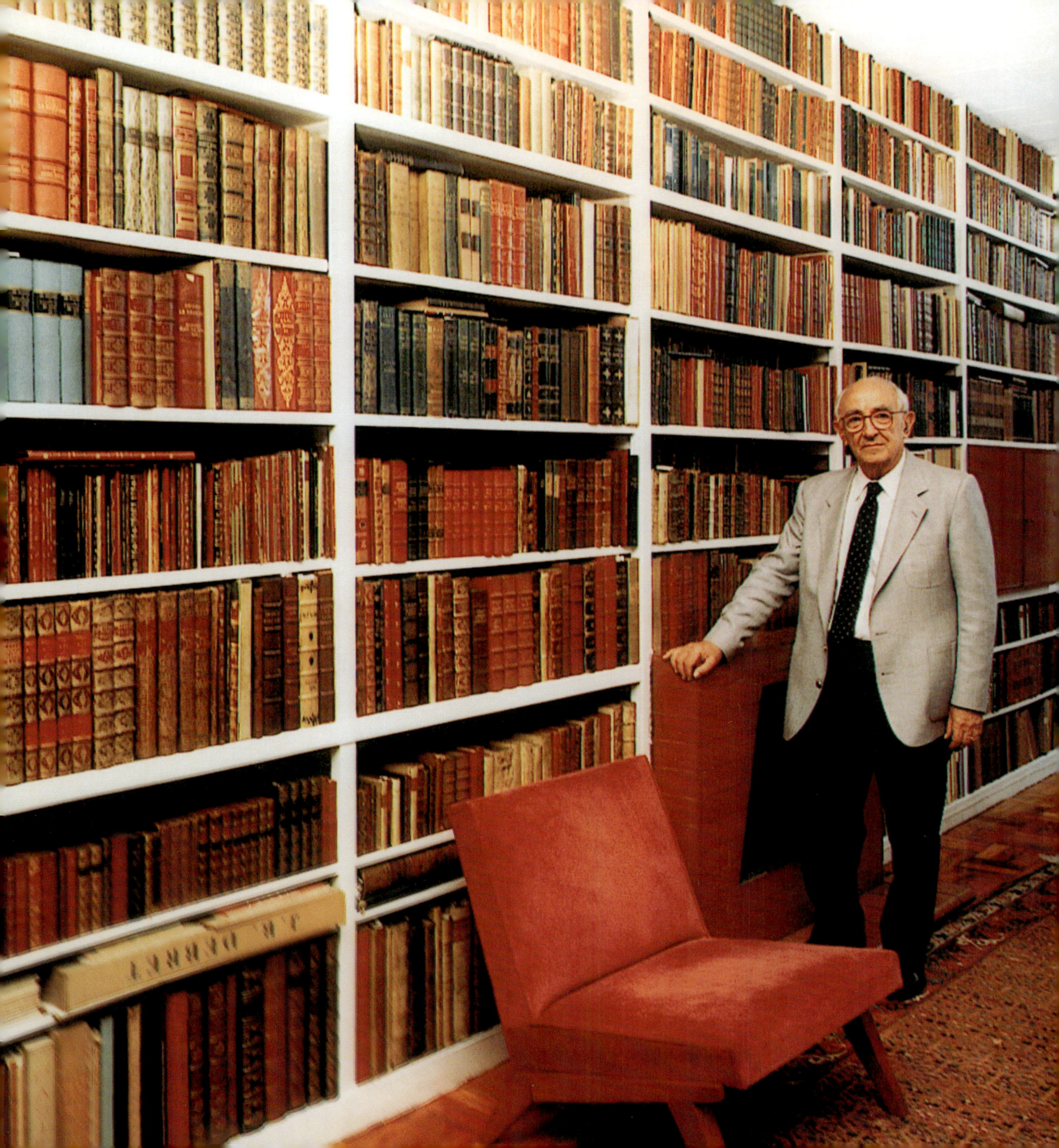

8 JOSÉ MINDLIN,
UM REALIZADOR **INCANSÁVEL** 1914 – **2010**

São muitas as pessoas e instituições que participaram do desenvolvimento do design no Brasil nas últimas décadas, mas o jornalista, advogado, empresário, intelectual e homem público José Mindlin ocupa um lugar muito especial nessa história. Com a mesma paciência com que se dedicou, desde os 13 anos, a formar sua biblioteca, Mindlin assumiu o papel de estimulador e promotor incansável do design junto ao empresariado, ao governo e à sociedade brasileira. Seu trabalho na Fiesp ao longo de quatro décadas foi decisivo para inclinar a indústria brasileira nessa direção e para transformar nosso design de uma atividade restrita a uma elite cultural e econômica em atividade de mercado, incorporada à produção industrial. A Associação Objeto Brasil, que ajudou a fundar e hoje é seu presidente de honra, reconhece esse inestimável trabalho e dedica esta obra em sua homenagem.

Jornalista aos 16 anos, advogado aos 22, José Mindlin fundou a indústria metalúrgica Metal Leve S.A. nos anos de 1950, quando começou a se interessar pelo design como algo além da questão estética. Nessa época, quando o Brasil dava impulso às substituições de importação e expandia sua base industrial, exerceu o cargo de diretor de Comércio Exterior da Federação das Indústrias do Estado de São Paulo, Fiesp, já o polo mais industrializado do país.

Sempre à frente de seu tempo, ele afirmava que o futuro da economia brasileira estava na produção de manufaturados para o mercado externo. Atento à importância do desenvolvimento tecnológico para a construção de uma economia sólida, nos anos de 1970 foi chamado a dirigir a Secretaria da Cultura, Ciência e Tecnologia do Estado de São Paulo.

Foi nos anos de 1980 que Mindlin deflagrou alguns processos que fizeram o design no Brasil tomar corpo. Um dos mais significativos foi a articulação do Núcleo de Desenho Industrial (NDI), que fundou na Fiesp, origem do Departamento de Tecnologia (Detec) da entidade, ambos dirigidos por Joice Joppert Leal.

Em 1982, sob a presidência de Mindlin, a Fundação Bienal promoveu a mostra Tradição & Ruptura, a primeira grande exposição de design realizada no Brasil, com curadoria de Joice Joppert Leal e Luiz Cruz, ambos do NDI. Mindlin também foi um dos fundadores, nos anos de 1990, do Instituto Uniemp – Fórum Permanente das Relações Universidade Empresa –, entidade voltada para promover diversas formas de aproximação entre o campo do ensino e da pesquisa com as indústrias. Integrou o Conselho Nacional de Ciência e Tecnologia (CNPq), o Instituto de Pesquisa Tecnológica (IPT), a Comissão Nacional de Tecnologia da Presidência da República e a Academia Brasileira de Ciências.

Os títulos, prêmios e honrarias que acumulou em reconhecimento pelo seu trabalho em prol do desenvolvimento científico, tecnológico e cultural brasileiros são muitos. Apreciador e estimulador da arte ele também integra o conselho de vários museus brasileiros e internacionais, como o Museu de Arte Moderna do Rio de Janeiro, o Museu de Arte Moderna de São Paulo (MAM), o Museu Lasar Segall e o Museu de Arte Moderna de Nova York. Participa, ainda, de várias instituições promotoras da cultura, como a Sociedade Amigos da Biblioteca Nacional e da Diretoria da John Carter Brown Library, de Providence, R.I., dos Estados Unidos, uma das principais bibliotecas do mundo de livros raros sobre as Américas, e da Associação Internacional de Bibliófilos, com sede em Paris.

Os livros são um de seus maiores interesses e entre as suas realizações, uma das que mais preza é a grande biblioteca que formou, hoje com cerca de 30 mil títulos, dos quais boa parte se compõe de obras raras.

A esse realizador incansável, nosso sincero agradecimento.

Associação Objeto Brasil

10 JOICE JOPPERT LEAL,
INTRODUÇÃO

2005   **2012**

O livro **Um Olhar Sobre o Design Brasileiro** foi lançado em 2002. Três anos depois, em 2005, apresentamos a segunda edição atualizada e ampliada. Agora, em 2012, temos o prazer de lançar a terceira edição revisada e revisitada editorialmente através de parceria com a SENAI-SP Editora, cujo texto atende às novas regras de ortografia e o projeto gráfico é assinado pela designer Nasha Gil.

Mantivemos o conteúdo na íntegra, fazendo apenas pequenos acréscimos que consideramos indispensáveis. Os cargos dos autores dos artigos permanecem inalterados, contemplando as posições que ocupavam à frente de instituições e empresas na época da publicação da primeira edição.

Para entendermos a proposta desta publicação, vale a pena lançar um olhar sobre o passado para compreender o contexto em que ela foi criada. Na época, embora o design brasileiro aflorasse em iniciativas variadas, da filatelia ao setor de automóveis, esboçando um jeito brasileiro de unir estética e funcionalidade, poucas eram as obras dedicadas ao tema.

Ao contrário do que acontece hoje, quando é possível encontrar livros sobre design até mesmo numa banca de jornal, nossas referências eram principalmente as obras internacionais, que nem sempre refletiam nossa realidade criativa e produtiva.

A Mostra 500 anos de Descobrimento, realizada na Pinacoteca do Estado de São Paulo, da qual tive o orgulho de ser a idealizadora e curadora, trouxe à tona uma profunda reflexão sobre a produção brasileira em design, revelando a abrangência do design verde e amarelo, suas raízes, manifestações e possibilidades. Como as exposições — que por mais abrangentes que sejam não conseguem abarcar a totalidade de um tema —, decidimos condensar todas as informações levantadas durante anos de pesquisa em um livro-catálogo, capaz de servir de referência para estudantes, profissionais e todas as pessoas interessadas no tema. Nosso propósito era dar uma contribuição valiosa para a sociedade mostrando como o design está presente nas inúmeras atividades da nossa vida cotidiana, na cultura e na economia.

Uma década depois, nossa intenção novamente é iluminar os primórdios do design brasileiro para inspirar todos aqueles que se sentem tocados pelo assunto, resgatando a memória de homens e mulheres pioneiros, empresas de vanguarda, instituições e personalidades que ajudaram a definir os rumos da produção nacional nas mais variadas vertentes.

Joice Joppert Leal
Diretora-executiva da Associação Objeto Brasil

SUMÁRIO

14 PANORAMAS

16
OS CAMINHOS DO DESIGN NO BRASIL
MILLY TEPERMAN

22
VANGUARDA SEMPRE
MARISA OTA

28
MARCOS DO DESIGN BRASILEIRO
JOICE JOPPERT LEAL

38
TECNOLOGIA E CONFORTO NOS JATOS EXECUTIVOS DA EMBRAER

40
PAISAGEM URBANA: DESIGN TOTAL

42
O BRASIL ESTREIA NAS PASSARELAS

44
PRÊMIO MUSEU DA CASA BRASILEIRA

46
PRÊMIO IDEA/BRASIL

48 ARTES & OFÍCIOS

50
O BRASIL DOS ARTESÃOS
CARMEN POUSADA

58
NOSSO DESIGN – TRADIÇÃO E TECNOLOGIA
MÁRIO COVAS

60
A ARTE DE EMBALAR
DALVA SOARES BOLOGNINI

68
O DESIGN POPULAR
LUCIANA AGUIAR E EBER FERREIRA

76
O TRABALHO INOVADOR DA ARTE NATIVA

78
CARMEN PORTINHO: A PESSOA CERTA NO LOCAL CERTO

80
O INTANGÍVEL NO DESIGN
WLADIMIR MURTINHO

84
SAMBA, CÍRIO DE NAZARÉ E QUEIJO DO SERRO

86 INDUMENTÁRIA

88
VESTINDO O DESIGN
LIANA BLOISI

90
SÃO PAULO FASHION WEEK E A INDÚSTRIA DA MODA
PAULO SKAF

96
GLAMOUR E NEGÓCIOS NA MODA BRASILEIRA

98
A MODA QUE VEM DA RUA
ANDRÉ HIDALGO

102
UM TOQUE DE PERSONALIDADE
HELENA MONTANARINI

108
A ARTE DO DESIGN
HÉCLITON S. HENRIQUES

118
LIBERDADE DE CRIAÇÃO
VERA MASI

124 ESPAÇO VITAL

126
COZINHA TEM HISTÓRIA
EDUARDO GRANJA RUSSO

128
BELEZA E FUNCIONALIDADE NAS COZINHAS BRASILEIRAS
MÁRCIA R. BALESTRO

132
DE ACORDEÕES A COZINHAS: COISA DE DESIGNERS

136
A LINHA BRANCA BRASILEIRA
NEWTON GAMA

140
ESTAR COM O DESIGN – CONFORTO E BELEZA SÃO FUNDAMENTAIS
ZECO BERALDIN

150
PRATICIDADE PARA QUEM TRABALHA
ENTREVISTA COM OSWALDO MELLONE

156
MOBÍLIA CONTEMPORÂNEA: DIVISOR DE ÁGUAS
MICHEL ARNOULT

160
DESIGN PARA TODOS
GHISLAINE E RÉGIS DUBRULE

166
AS FORMAS DA LUZ
SUZANA SACCHI PADOVANO

174
ECODESIGN

176
DESIGN SUSTENTÁVEL
SÉRGIO C. TRINDADE

182
TENDÊNCIAS DO DESIGN
SANDRA SOBRAL

188
PARCERIA ENTRE MÁQUINA E MANUFATURA

190
COMUNICAÇÃO & MARKETING

192
ARTES GRÁFICAS – UMA REVOLUÇÃO PERMANENTE
HUBERT ALQUÉRES

204
O DIFERENCIAL TECNOLÓGICO
MÁRIO CÉSAR DE CAMARGO

208
A MAGIA DA PERCEPÇÃO
FABIO ARRUDA MORTARA

210
DESIGNERS QUE FIZERAM HISTÓRIA

214
O MARKETING DESCOBRIU O DESIGN
ROBERTO DUAILIBI

220
DO ARMAZÉM AO SUPERMERCADO
LINCOLN SERAGINI

226
PRÊMIO ABRE

230
O DESIGN NA TELINHA
MARCOS MENDONÇA

234
O SELO DO DESIGN
JÔ OLIVEIRA

240
DESIGN & MERCADO

242
AS FORMAS DA SEDUÇÃO
JOÃO CARLOS BASÍLIO DA SILVA

248
UM CRIADOR DE ÍCONES

250
A ALMA DOS BRINQUEDOS
SYNÉSIO BATISTA DA COSTA

256
INOVAÇÃO COMO OBJETO DE DESEJO
EUGÊNIO STAUB

262
IDENTIDADE E MERCADO
DOROTHEA WERNECK E LILIANE RANK

268
A EXPORTAÇÃO DO DESIGN
SÉRGIO AMARAL

270
AÇÃO E ESTRATÉGIA
ANTONIO SÉRGIO M. MELLO

272
DESIGN & CULTURA

274
CULTURA MATERIAL E DESIGN
ELIZABETH DE FIORE

276
EDUCAÇÃO DO OLHAR
ALEX PERISCINOTTO

282
A CULTURA DO DESIGN
DANILO S. DE MIRANDA

288
DESIGNERS EM FORMAÇÃO
AURESNEDE EDDY PIRES STEPHAN

296
O DESIGN QUE VENDE

298
CRÉDITOS DAS IMAGENS PUBLICADAS

302
PARCEIROS

PANORAMAS

14

O Núcleo de Desenho Industrial da Fiesp
*realizou mostras setoriais e
exposições de designers, promoveu
palestras e seminários, publicou catálogos,
textos formativos e guias de serviços.
Seu acervo de réplicas da coleção de design do
Museu de Arte Moderna de Nova York
circulou em exposições temáticas
por todo o Brasil.*

*Acima, debate sobre design no
auditório da Fiesp,
reunindo empresários, executivos,
estudantes e designers.*

OS CAMINHOS DO DESIGN NO BRASIL
MILLY TEPERMAN

MILLY TEPERMAN
*é empresário,
dirigente da Móveis Teperman
e um dos criadores do Núcleo
de Desenho Industrial
e do Departamento
de Tecnologia da Fiesp.
Atualmente é presidente
do Centro São Paulo Design
e do Conselho Deliberativo
do Objeto Brasil*

Considerado em seu aspecto conceitual de estética aliada à tecnologia e à funcionalidade, o design sempre existiu. Com a Revolução Industrial, porém, a possibilidade de repetirmos um modelo em série permitiu que um número muito grande de pessoas tivesse acesso a produtos que reuniam tecnologia avançada e estética aprimorada. Isso é desenho industrial, é design.

No Brasil, país de industrialização tardia, as primeiras manifestações do design com traços próprios surgiram com os modernistas, com destaque para Joaquim Tenreiro, ainda nos anos de 1940, por sua qualidade e ousadia conceitual. Nas duas décadas seguintes pipocaram iniciativas no sentido de produzir e difundir o bom design entre nós. Nos anos de 1950, o moderno design norte-americano e o europeu chegaram ao Brasil, por meio de indústrias como Ambiente, Forma e Teperman. O mercado brasileiro teve seus primeiros contatos com o trabalho de designers importantes, como Charles e Ray Eames, Eero Saarinen, George Nelson, Alexander Girard e Harry Bertoia.

Nesta página, capas de **publicações do NDI**.

No entanto, o mercado nacional era relativamente pequeno para o design, não estimulando o florescimento de profissionais do ramo. O próprio conceito de design era entendido apenas por uma minoria – isso incluía os consumidores e também os industriais. Ampliar a consciência sobre a importância do design era uma grande tarefa. O público consumidor precisava conhecer objetos de bom desenho e ser estimulado a exigir qualidade nos produtos adquiridos. A indústria deveria ser desafiada a introduzir o design em seu planejamento e processo produtivo, entendendo-o não como custo, mas como estratégia para agregar valor a seus produtos.

Para disseminar o design entre nós, concorreram iniciativas de diferentes setores – dos criadores, da indústria, das organizações empresariais e do governo. A Teperman, por exemplo, nos anos de 1960, instalou um showroom no prédio do Instituto dos Arquitetos do Brasil (IAB), no Centro de São de Paulo. Na época, era um polo de difusão cultural. Profissionais como Vilanova Artigas, Miguel Forte, Fábio Penteado, entre tantos outros arquitetos, mantinham ali seus escritórios e o IAB era um centro de formadores de opinião. Os arquitetos paulistas Jakob Ruchti, Miguel Forte e Roberto Aflalo criaram a loja Preto & Branco, onde passaram a expor suas produções, principalmente móveis. Na mesma linha, destaca-se a iniciativa pioneira do designer Michel Arnoult, que investiu no design brasileiro nos moldes industriais. Sua Mobília Contemporânea representou a primeira produção de móveis bonitos, modernos e funcionais acessíveis para um público de classe média.

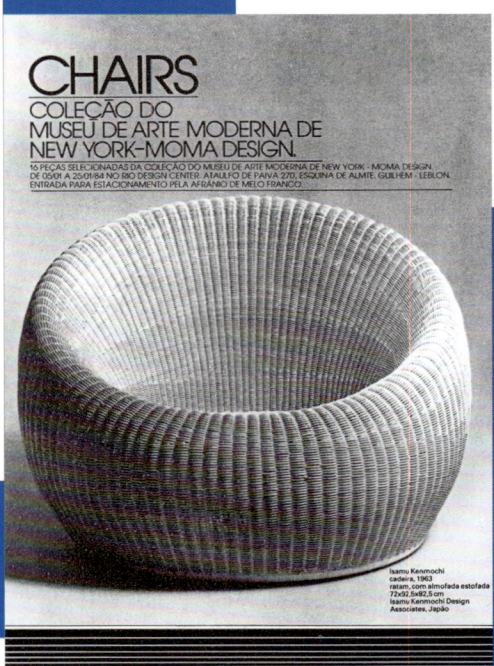

Mas é nos anos de 1970, com as possibilidades abertas pelo chamado "milagre brasileiro", que o design começou a ganhar espaço institucional, passando a aparecer nas políticas públicas de promoção do desenvolvimento e aperfeiçoamento da indústria. Um de seus primeiros patronos foi o senador Severo Gomes, ministro da Indústria e Comércio no período de 1974 a 1977, defensor da necessidade de investirmos na criação e no aperfeiçoamento de uma "marca Brasil". Severo Gomes propiciou a criação do primeiro laboratório de desenho industrial do país, implantado no Instituto Nacional de Tecnologia (INT), no Rio de Janeiro, um marco na introdução do controle de qualidade e design em nossa indústria.

Para os meios empresariais, no entanto, a incorporação do design não ocorreu de modo linear, nem automático. Mais do que uma alteração em alguns fatores de produção, a incorporação do design representou um processo de amadurecimento da indústria brasileira, um rompimento de paradigmas. Em alguns casos foi lento, em outros se deu em saltos. Nesse processo, a atuação da Federação das Indústrias do Estado de São Paulo (Fiesp) teve papel de destaque. No início dos anos de 1970, um grupo de dirigentes da entidade, que incluía José Mindlin, Dilson Funaro, Luiz Villares, e do qual eu fazia parte, criou o Núcleo de Desenho Industrial (NDI). Seu objetivo era disseminar o conceito de design entre os industriais paulistas e contribuir para a formação de profissionais, construindo uma referência na área.

*O **NDI** difundiu e estimulou o design brasileiro no país e no exterior.*

Como ponto de partida, a Fiesp resolveu construir um acervo e, para isso, adquiriu uma coleção do Museu de Arte Moderna de Nova York (MoMA), com réplicas de objetos de design, que, por sua excelência, se tornara uma referência mundial. O NDI desenvolveu uma atividade intensa, promovendo inúmeros seminários, exposições, mesas-redondas, concursos – atividades que ampliaram o horizonte do empresariado e dos profissionais da área. Sua atuação estendeu-se para as mais diferentes instâncias: associações industriais, escolas, missões diplomáticas, feiras e exposições nacionais e internacionais. Publicou manuais, apostilas, boletins e fez do design uma pauta constante nas publicações da Fiesp.

Graças ao trabalho de sua diretora, Joice Joppert Leal, em pouco tempo, o NDI transformou-se no Departamento de Tecnologia da Fiesp, o Detec, primeiro centro de referência em design no Brasil. O Detec, nos anos de 1980, teve papel fundamental em responder às questões contemporâneas do design, tornando-se celeiro de gestores para a área, hoje presença marcante no mercado brasileiro.

Nos anos de 1980, o design já era considerado tema prioritário no Programa Brasileiro de Apoio ao Desenvolvimento Científico e Tecnológico. O Conselho Nacional de Desenvolvimento Científico e Tecnológico (CNPq) investiu em laboratórios para escolas de desenho industrial, reforçando a base acadêmica necessária para impulsionar nosso design. A Secretaria de Tecnologia Industrial do então Ministério da Indústria e Comércio atuava no mesmo sentido, destinando recursos para a criação do Núcleo de Informação Tecnológica em Design, que foi instalado na Fiesp. Este e os demais núcleos setoriais que começaram a ser criados nos Estados articulam-se em uma rede nacional de informações para o setor privado, única no país, coordenada pelo professor José Rincon Ferreira, formando uma geração de profissionais das mais variadas origens técnicas.

Hoje no Brasil já existe plena consciência entre as lideranças empresariais de que o design é a alma do negócio. No plano institucional, contamos com vários programas de incentivo, como o Programa Brasileiro de Design, ou o Via Design, do Sebrae; os Núcleos de Apoio ao Design, do Senai Nacional, e incontáveis iniciativas regionais e estaduais de governos ou associações empresariais.

O design também recebe atenção especial do Ministério das Relações Exteriores e da Apex, que mantém um diversificado leque de projetos setoriais voltados para o mercado externo. Nossos criadores e nossa indústria mostram que sabem aliar beleza e tecnologia em produtos de qualidade internacional. O design brasileiro faz sucesso no exterior e também no mercado interno, onde disputa um mercado consumidor cada vez mais exigente, já acostumado a produtos que aliem qualidade, eficiência e bom gosto.

UM OLHAR SOBRE O DESIGN BRASILEIRO PANORAMAS MILLY TEPERMAN

As exposições Desenho Industrial – Tradição e Ruptura, em 1984, realizada na Fundação Bienal, e Design nos 500 Anos, de dezembro de 2000 a fevereiro de 2001, na Pinacoteca do Estado de São Paulo e no Parque da Luz, ambas na capital paulista, são marcos que mostraram o amadurecimento de nosso design.

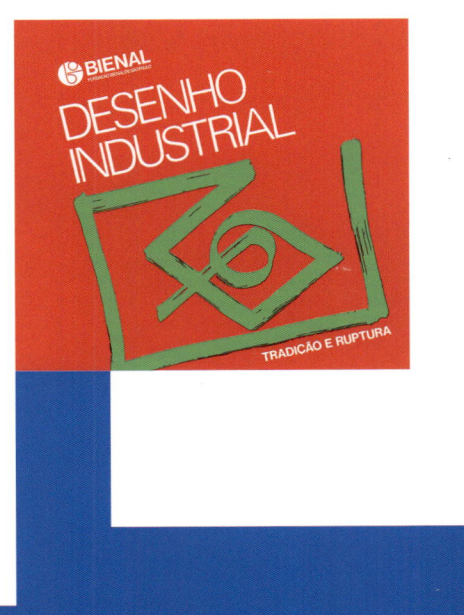

VANGUARDA SEMPRE
MARISA OTA

22

*Nesta página, escultura do designer e artista plástico **Joaquim Tenreiro**, precursor do moderno design no Brasil.*

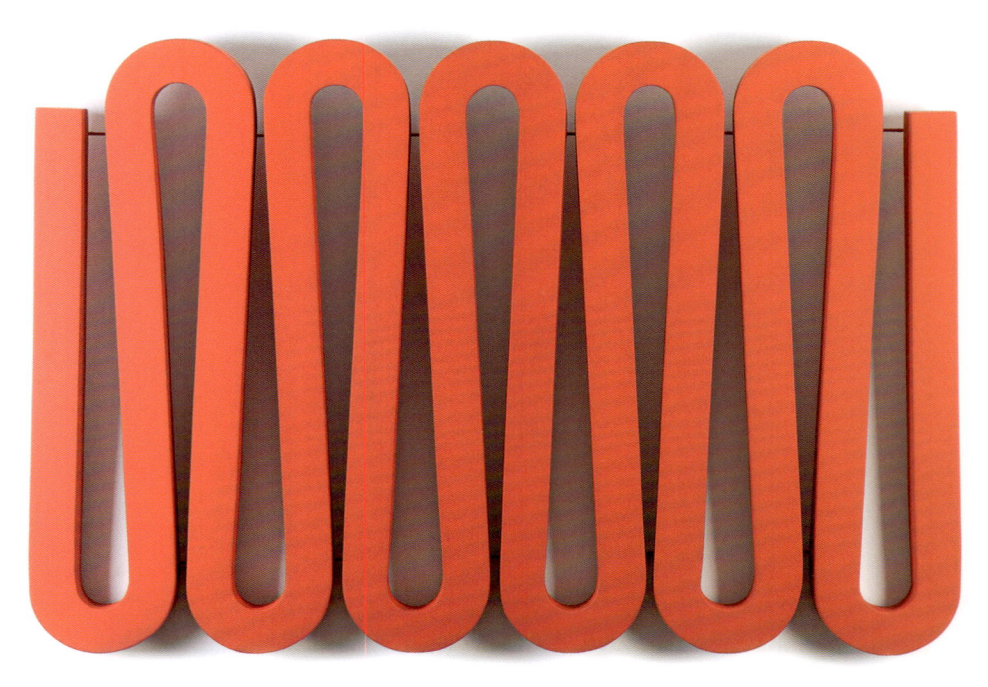

MARISA OTA *é designer e consultora empresarial. Organizou e foi curadora de diversas exposições e eventos, como 10 Anos com Vidro, de Elizabeth e Eduardo Prado, MCB, 2000; Cerâmica Brasileira – Construção de uma Linguagem, Centro Brasileiro Britânico 2000; Design nos 500 Anos, Pinacoteca do Estado de São Paulo – Parque da Luz 2000 (SP).*

Uma leitura do design brasileiro é uma grande viagem. Exercitamos a memória histórica e inventamos o universo de nossa cultura material. Rica em heranças culturais das mais diversas, os objetos falam de nossas vidas, nos fazem entender e revisitar o nosso passado.

É tarefa difícil retratar essa trajetória sem preconceitos, sem excluir nomes significativos ou mesmo tratá-los com um olhar meramente pessoal. O conceito de design é mutante, passível de críticas e de discussões infindáveis. Desse modo, fixou-se a escolha pela importância na solução formal, estética e inovadora, com o olhar voltado para a vida cotidiana, na qual o design é destacado dialogando com a diversidade de influências.

Essa consciência do design começa a tomar corpo só no século XX, com mudanças importantes no meio de produção. A mecanização já permitira o aumento da produtividade e deflagrara a Revolução Industrial, com mudanças definitivas no comportamento do mercado. Surge a sociedade de consumo e com ela o impulso para o design.

Na condição de Colônia, o Brasil era fadado a consumir produtos do mercado internacional – móveis, tecidos, louças, cristais –, importando praticamente tudo. Timidamente, na década de 1930 e de 1940, surgem práticas ainda artesanais, mas eficientes em viabilizar desejos da geração dos "modernistas".

*Da esquerda para a direita, **Poltronas Bard´s Bowl**, de **Lina Bo Bardi**, projetada em 1951 contemporânea à poltrona **Percintas**, de **Flávio de Carvalho**, com estrutura metálica e tiras de couro. **Cadeira Paulistana**, do arquiteto e designer **Paulo Mendes da Rocha**, combinando estrutura de metal e couro, e cadeira São Paulo, de **Carlos Motta**, Prêmio Museu da Casa Brasileira, de 1982. Cores e transparência no **banco de vidro** de **Jacqueline Terpins**.*

Da necessidade de ambientar e complementar seus projetos, arquitetos, artistas plásticos, como Warchavichik, Lasar Segall, John Graz, desenham mobiliário, luminárias e objetos sob uma nova ordem plástica. Desprovidos de ornamentos e já com ensaios para uma produção seriada, o design brasileiro começa a ganhar vida. Com Joaquim Tenreiro, a arte e o ofício fundem-se com o design. Utilizando madeiras brasileiras, ele imprimiu no trabalho seu conhecimento e apuro técnico, criando verdadeiras obras-primas. Lina Bo Bardi, Flávio de Carvalho, a Preto & Branco engrossam o caldo da cara brasileira. Amantes de nossa cultura, imprimiram em seus projetos forças individuais e valores comuns à nossa identidade.

Anos de 1950 e de 1960 da Era JK, hippies, bossa nova, libertação sexual, o boom econômico – é o momento do crescimento da nossa industrialização.

Surgem empreendedores que redimensionam e percebem a necessidade do consumidor e impulsionam o setor moveleiro; a conexão designer/indústria estava feita. O conceito de móveis seriados, modulados e mais acessíveis ganha dimensão. Geraldo de Barros, Zanine Caldas, Sérgio Rodrigues, entre outros, projetam afinados com a racionalização do processo produtivo, desde o início até a embalagem. Michel Arnoult é sem dúvida um grande representante. Desde os tempos da Mobília Contemporânea (1960 – 1970), tem a preocupação de criar produtos mais acessíveis, com especial atenção às questões sociais e ambientais.

José Carlos Bornancini e Nelson Ivan Petzold, especialistas na área de projeto de produtos, são nomes reconhecidos pela indústria, pelos empresários e pelos profissionais. Seus produtos – garrafas térmicas, tesouras, facas – habitam os lares brasileiros. Desde 1973 o "Camping Set", talheres projetados para Hércules, está incluído na coleção do MoMA, Nova York.

Nos anos de 1980, o grupo Memphis de Milão introduz novos conceitos de design que desafiam a Bauhaus. Nesse momento, sem dúvida, surgem outros caminhos para o design. Fúlvio Nanni e Luciano Deviá abrem novas possibilidades para o design brasileiro, exercitando esse novo conceito em seus trabalhos.

Abertura do mercado, globalização, concorrências externas, as indústrias brasileiras são vencidas, os importados ganham terreno, perdemos a nossa cara?

Os jovens designers tornam-se autônomos realizadores de seus projetos. Criam, produzem, promovem, vendem. Surgem ateliês, oficinas, que, sem a preocupação de atender o mercado consumidor, se libertam das "encomendas", produzindo objetos intrigantes, novas propostas formais, irreverentes, forçosamente artesanais.

Expressando-se livremente, sensíveis às transformações do mundo, o seu componente principal é a inventividade. O olhar atento e engajado às questões sociais, a ampla liberdade de expressão plástica formam novas vertentes do design brasileiro.

Utilizando materiais nada convencionais, produzindo objetos inusitados com funções subvertidas, os irmãos Campana unem o trabalho artesanal às técnicas industriais com maestria. Com alegria, acompanhamos o reconhecimento internacional!

Neste século, o olhar se volta para o Brasil. O design brasileiro visita capas de edições internacionais. É imperativo que os nossos profissionais exercitem sobre o fazer brasileiro, com conhecimento, consciência, diversidade e liberdade. Criar é saber escolher, escolhas conscientes que estimulem os sentidos e o intelecto.

*Ao lado, escultura-revisteiro em madeira de **Tenreiro**.*

*Sofá de **Ico Parisi**, planejados nos anos de 1950 e até hoje ícones da modernidade; cadeira de balanço de **Ana Maria e Oscar Niemeyer**, de 1960, em madeira multilaminada e palhinha natural – todos produzidos por Móveis Teperman.*

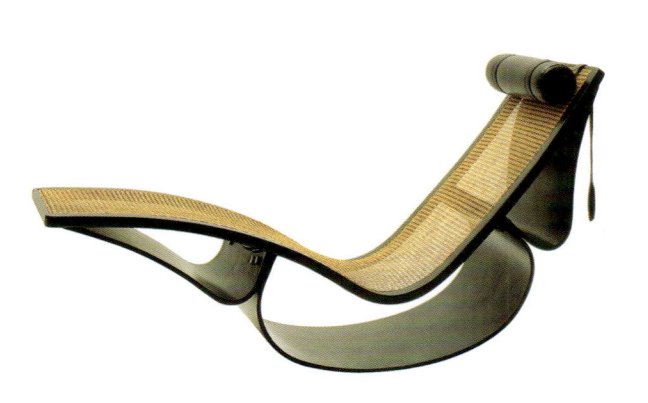

Mesa Janeiro,
com estrutura em jacarandá e
tampo de vidro, de
Sérgio Rodrigues;
mesa Tavolo,
com estrutura em madeira
com acabamento em
preto e tampo em cristal, de
**Oscar Niemeyer e
Federico Motterle**, produzida
pela Teperman.

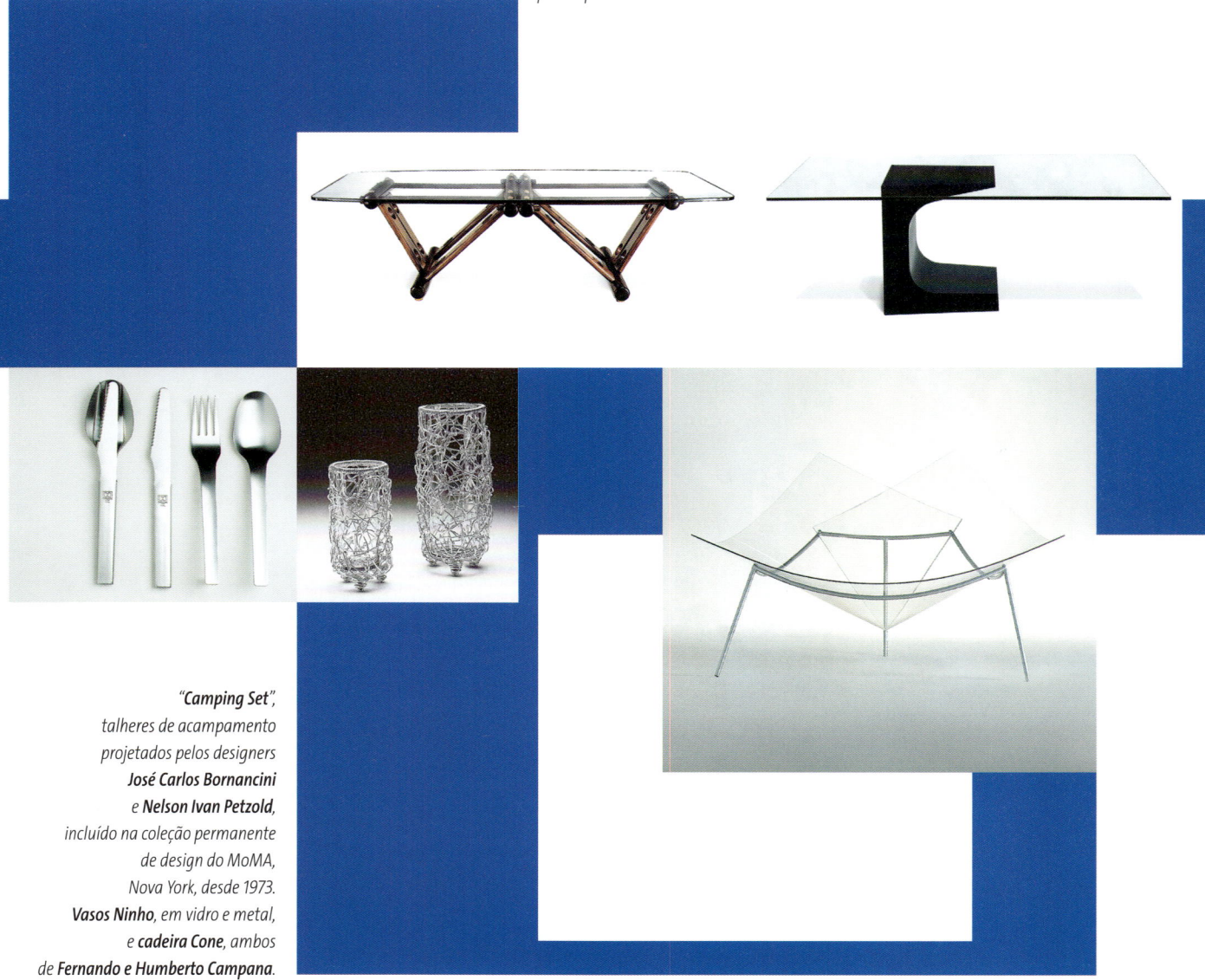

"Camping Set",
talheres de acampamento
projetados pelos designers
**José Carlos Bornancini
e Nelson Ivan Petzold**,
incluído na coleção permanente
de design do MoMA,
Nova York, desde 1973.
Vasos Ninho, em vidro e metal,
e **cadeira Cone**, ambos
de **Fernando e Humberto Campana**.

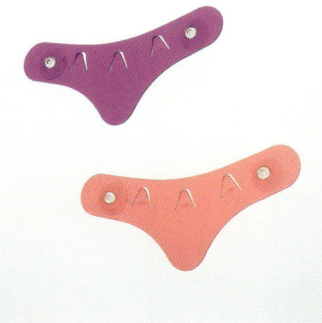

UM OLHAR SOBRE O DESIGN BRASILEIRO PANORAMAS MARISA OTA

Pano Gueto, de **Karin Wittmann Wilsmann**, Gueto Ecodesign (em cima, à esquerda), feito com restos de couro natural; *jogo de mesa*, de **Márcia Cirne Lima**, feito com tiras de PVC calandrado; *mancebo Clip*, de **Camila Fix** (acima), uma releitura dos tradicionais mancebos de chão, em aço coberto por epóxi; *varal Sequinha*, para pendurar roupas íntimas no box do banheiro, de **Manuel Bandeira** – todos finalistas do Prêmio Museu da Casa Brasileira 2003.

MARCOS DO DESIGN BRASILEIRO
JOICE JOPPERT LEAL

JOICE JOPPERT LEAL
é diretora-executiva da Associação Objeto Brasil, foi organizadora e chefe do Núcleo de Desenho Industrial e do Departamento de Tecnologia da Fiesp de 1980 a 2000, tem ampla experiência na promoção da cultura e do design brasileiros no Brasil e no exterior.

Os primeiros traços de um design brasileiro surgiram com os modernistas que, nos anos de 1930 e 1940, desenhavam objetos, móveis e luminárias para compor ambientes. Gregori Warchavichik, Lasar Segall, John Graz, Joaquim Tenreiro faziam peças especiais, algumas sob encomenda, verdadeiras obras de arte. Tradição que repercutiu no Instituto de Arte Contemporânea, liderado por Lina Bo Bardi, logo após a criação do Museu de Arte de São Paulo (MASP).

No entanto, foi com o impulso industrializante dos anos de 1950 e início da década de 1960, marcadamente a época do Plano de Metas de Juscelino Kubitschek – com seu slogan "50 anos em 5" –, que o design brasileiro encontrou seu caminho na indústria, associando tecnologia com estética.

Um dos primeiros grandes marcos desse processo foi a criação da Mobília Contemporânea, indústria fundada em 1952 pelo arquiteto e designer Michel Arnoult. Com essa iniciativa, começava a se produzir no país objetos de bom desenho, com traços modernos, feitos em série e com preços acessíveis à classe média. Eram móveis componíveis, modulares, que podiam ser montados pelos proprietários. O sucesso da Mobília Contemporânea demonstrou o grande potencial para produtos de qualidade existente no Brasil.

UM OLHAR SOBRE O DESIGN BRASILEIRO **PANORAMAS** JOICE JOPPERT LEAL

Nesta página,
poltrona Mole*,*
*de **Sérgio Rodrigues**,*
um marco na história
do design brasileiro.

Poucos anos depois, o arquiteto e designer Sérgio Rodrigues abriu no Rio de Janeiro sua primeira loja Oca. Mais do que uma loja para vender os móveis e objetos criados por seu proprietário, a Oca transformou-se numa espécie de centro irradiador de uma cultura de novo tipo. Exposições permanentes e eventos temporários divulgavam o design e os designers brasileiros ligados à produção de equipamentos de interiores, ambientação ou mesmo cenografia. Por ali também circulavam ideias e informações das vanguardas internacionais. A genialidade de Sérgio Rodrigues produziu, em 1957, a Poltrona Mole, primeiro objeto de design brasileiro que ultrapassou as fronteiras, fazendo sucesso no mercado internacional.

Foi com uma variante da poltrona Mole que Sérgio Rodrigues participou, em 1961, do 4º Concorso Internazionale Del Móbile, de Cantú, o centro moveleiro da Itália. O projeto de Sérgio Rodrigues obteve o primeiro lugar, em um evento em que estavam inscritos mais de 400 designers, de 35 países. A cadeira foi comercializada na Europa pelas indústrias ISA, de Bergamo, Itália, com o nome de Sheriff, com grande aceitação entre a elite cultural e política europeia e norte-americana.

Os anos de 1960 viram surgir empresas moveleiras que organizavam sua produção em torno do conceito de design, produzindo objetos de alta qualidade – como a Forma e Mobilínea, do designer italiano radicado no Brasil Ernesto Hauner. Marcante também foi o fato de empresas tradicionais passarem a investir em design. É o caso da Teperman, fundada no início do século XX, que na década de 1960 se associou com a empresa norte-americana Herman Miller. Ao mesmo tempo que trazia para o Brasil um design internacional de vanguarda, a Teperman também abriu espaço para o nascente design brasileiro. Produziu em série móveis desenhados por figuras reconhecidas internacionalmente, como Oscar Niemeyer; por designers brasileiros já clássicos, como John Graz ou Ico Parisi, que nos anos de 1950 desenhavam móveis atualíssimos; e também pelos jovens designers que vinham despontando.

Com a inauguração de Brasília e a transferência do centro de poder para o Planalto Central, as indústrias que produziam móveis com qualidade, incluindo as que utilizavam o design brasileiro, ganharam grande impulso. A nova capital representou uma valiosa oportunidade de mercado e também uma grande vitrine, ditando moda no mercado interno e lançando originalidade no mercado internacional.

Os brasileiros passaram a desfrutar dos efeitos do design aplicado aos bens de consumo e serviços em vários setores. Nesse período, por exemplo, começou a circular pelas estradas do país o que seria uma inovação mundial: o ônibus com sanitário a bordo, poltrona-leito e cabine fechada para o motorista – um projeto com a marca Teperman, elaborado pela equipe chefiada pelo designer Vicente Bicudo. Datam também dessa época as primeiras escolas de graduação em design e desenho industrial – a pioneira ESDI, no Rio de Janeiro, a FAU-USP, em São Paulo, e a Escola de Belas Artes, de Belo Horizonte. O design começou a ganhar público, mas ainda era algo de vanguarda.

Outro marco do design brasileiro associado a Brasília foi a criação do núcleo de desenvolvimento de equipamentos hospitalares e ortopédicos do Centro de Reabilitação do Hospital das Pioneiras Sociais Sarah Kubitschek, que contou com a participação de designers como Suzana Padovano, Roberto Pinho, Luciano Deviá e Claudio Bois Duarte, coordenados pelo médico Aloysio Campo da Paz. O núcleo serviu de referência para o surgimento de outros centros de design aplicados à saúde, como o existente em convênio entre a Fundação Oswaldo Cruz (Fiocruz), a Escola Superior de Desenho Industrial (ESDI) e a Universidade Estadual do Rio de Janeiro (UERJ), ou o da Faculdade de Medicina da USP, em Ribeirão Preto, SP.

UM OLHAR SOBRE O DESIGN BRASILEIRO **PANORAMAS** JOICE JOPPERT LEAL

*Clássicos do design brasileiro: mesa de **John Graz**, reproduzida por Móveis Teperman; e poltronas de **Joaquim Tenreiro**.*

Nos anos de 1970, com o impulso industrializante do "milagre econômico", cresceu o número de empresas que percebiam que o design é um fator de produção essencial ou que abriram espaço para a produção brasileira. Marcante para a história de nosso design foi a conquista de espaço na então vigorosa indústria automobilística. Em 1972, chegou ao mercado o Volkswagen modelo SP – uma homenagem da empresa de origem alemã ao Estado de São Paulo, onde o modelo foi idealizado e produzido. O moderno carro esporte foi lançado em duas versões: o SP1, motor 1600, e SP2, motor 1700. No ano seguinte, 1973, o design brasileiro produziu mais um ícone: a Brasília, um dos automóveis mais simpáticos e bem-sucedidos já produzidos no país.

Nessa mesma época, a Gurgel começou a desenvolver seus produtos 100% nacionais, chegando a ser majoritária nos anos de 1980 no mercado de jipes no Brasil. Isso, sem falar dos modelos especiais projetados por Anísio Campos, como o famoso modelo 828 da Dacom, o Buggy Kadron, projeto atualmente relançado em nova versão, o 828/2, pela MVC Componentes Plásticos, empresa do grupo gaúcho Marcopolo, fabricante de carrocerias para ônibus.

*Projeto e protótipo do modelo 012 e o novo 828/2: o designer de automóveis **Anísio Campos** faz uma releitura de seu **Buggy Kadron 826**, agora lançado pela MVC Componentes Plásticos, do grupo Marcopolo.*

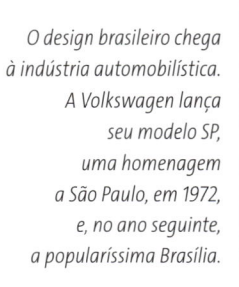

O design brasileiro chega à indústria automobilística. A Volkswagen lança seu modelo SP, uma homenagem a São Paulo, em 1972, e, no ano seguinte, a popularíssima Brasília.

UM OLHAR SOBRE O DESIGN BRASILEIRO PANORAMAS JOICE JOPPERT LEAL

Significativa também foi a introdução do design em outros setores da indústria. A Zivi Hércules, empresa gaúcha do segmento de cutelaria, utensílios e utilidades domésticas em metal, assumiu a liderança do setor com projetos assinados pelos designers José Carlos Bornancini e Nelson Ivan Petzold, tornando-se uma das poucas empresas brasileiras a conquistar um espaço no acervo permanente de design do Museu de Arte Moderna de Nova York (MoMa). Atualmente integrada ao Grupo Eberle, fabricante da marca Mundial, a empresa continua fazendo do design um de seus carros-chefe, com projetos de destaque internacional.

A indústria têxtil brasileira também tem marcos muito significativos. Um deles é a Casa Rhodia, projeto da multinacional francesa fabricante de fios e fibras, que se transformou em um polo irradiador de modernidade para a indústria têxtil. Além de dar o estímulo inicial para o surgimento de nossas primeiras revistas de moda no país, a Rhodia patrocinou grandes desfiles, alimentando uma geração de costureiros e designers de moda, contratou grandes nomes de nossas artes plásticas para criarem padronagens têxteis originais e patrocinou o primeiro curso de estilismo realizado no país.

Bafômetro,
*de **Levi Girardi**
e **Luiz Wanderlei Alves**.*

Balança para balcão,
*de **Paulo Jorge Pedreira**.*

Cabide Mosquito,
*de **Edison Barone**,*
feito em plástico,
adequado para ternos,
camisas e gravatas.

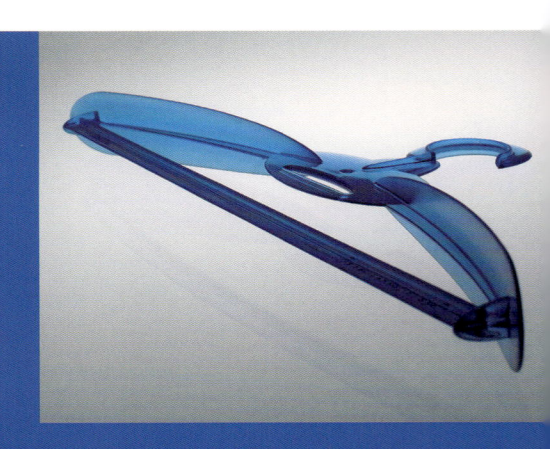

Marcante também, embora com uma presença mais sutil, foi o surgimento da Arte Nativa, a primeira empresa a reproduzir em série a rica iconografia indígena brasileira. Fundada em 1976, em São Paulo, por Maria Henriqueta Gomes, a Arte Nativa começou produzindo acessórios de moda e logo passou para os tecidos de estofados e outros itens da decoração de interiores. Sua intervenção mais importante, porém, foi introduzir um novo conceito na estamparia nacional, abrindo espaço na indústria para novos designers.

Contribuíram para o sucesso desses empreendimentos o fato de o país estar vivendo um surto de crescimento econômico, o clima e um intenso processo de urbanização. O design brasileiro chegou às ruas, com projetos de sinalização e equipamentos urbanos de repercussão internacional. Marco nessa área é o trabalho desenvolvido pelos arquitetos João Carlos Cauduro e Ludovico Martino, em 1974, de sinalização e mobiliário urbano da Avenida Paulista. Endereço privilegiado pelos grandes grupos financeiros, e símbolo do recente processo de desenvolvi-mento e concentração de renda, com o projeto do escritório Cauduro&Martino, a Avenida Paulista transformou-se também em cartão de visitas da cidade de São Paulo.

Biombo-escultura
Fernando *e* **Humberto Campana**.

Da esquerda para a direita, poltrona de **John Graz***, desenhada nos anos de 1940, com estrutura combinando alumínio e madeira; poltrona de* **Ico Parisi***, planejados nos anos de 1950 e até hoje ícones da modernidade.*

Tesouras Mundial
*projeto de **José Carlos Bornancini**
e **Nelson Ivan Petzold**, para o grupo Eberle,
empresa líder no segmento de cutelaria,
utensílios e utilidades domésticas.
Os dois designers são grandes inventores,
com vários produtos registrados.
Desde os anos de 1960, já puseram
sua marca em vários setores
da indústria brasileira: fogões para a **Wallig**,
cutelaria completa **Zivi-Hércules-Mundial**,
cozinhas modulares para **Todeschini**,
colheitadeiras para a **Massey Ferguson**,
equipamento esportivo para a **Mustard**;
material escolar para a **Mercur**.*

Os anos de 1980 foram marcantes para o design brasileiro, tanto interna como externamente. Surgiu o Prêmio Museu da Casa Brasileira, criado na gestão de Roberto Duailibi, grande empreendedor e entusiasta do design. O tema também conquistou espaço na imprensa: Vicente Wissenbach, editor da revista Projeto, criou a Design & Interiores, que, sob a direção do jornalista Júlio Moreno, se constituiu em um importante espaço de formação de jornalistas para a área. Surgiram também as assessorias de imprensa especializadas, como a Sobral Comunicação ou a Menezes Comunicação. Nossos designers também venceram concorrências internacionais — como as dos bancos do metrô de Washington, da Teperman, em circulação até hoje.

A crise da década de 1990, quando a economia brasileira entrou abruptamente no processo de globalização, teve forte impacto em tudo o que diz respeito ao design. A concorrência internacional, que levou muitas empresas à falência, também provocou a reorganização da indústria brasileira em busca de qualidade e preços competitivos. O Programa Brasileiro de Design, articulado em 1995 por Dorothéa Werneck à frente da Agência de Promoção das Exportações (APEX), contribuiu para promover a atividade junto à indústria como fator estratégico para conquistar mercados dentro e fora do país.

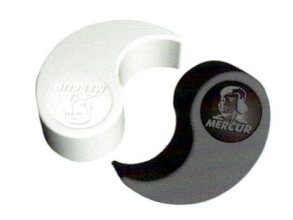

*Ao lado,
elevadores para a **SUR**;
garrafas térmicas
para a **Termolar**.*

Hoje existe um claro propósito no meio empresarial de conquistar espaço no mercado internacional e há também uma nítida consciência de que a condição para crescer nesse terreno é o investimento em qualidade e na identidade do produto – e isso significa investimento em design. A indústria de alta tecnologia brasileira tem conquistado espaço no mercado internacional para projetos brasileiros, e a Embraer é um ótimo exemplo. A grande indústria multinacional instalada aqui também, aos poucos, tem aberto espaço para projetos brasileiros ou com grande participação nacional, como a Ford, com o Ford EcoSport, ou a Volkswagen, com o Fox.

Fiat FCC II, o carro-conceito da Fiat, vencedor do Ouro no IDEA/Brasil 2010.

Ford EcoSport: o design brasileiro volta à indústria automobilística.

Jeep Star Flex, da TAC – Tecnologia Automotiva Catarinense, ganhador do IDEA/Brasil 2008.

TECNOLOGIA E CONFORTO NOS JATOS EXECUTIVOS DA EMBRAER

*O **Lineage 1000** oferece conforto, luxo e privacidade para 19 passageiros. Prêmio Ouro no IDEA/Brasil 2008.*

Jato da Linha Phenon 100,
desenvolvido pela Embraer,
Prêmio Ouro no IDEA/Brasil 2008.

Cockpit dos
Jatos Phenon 100 e 300.

Interior do Phenon 100:
luxo discreto, ergonomia,
funcionalidade e estética.

PAISAGEM URBANA:
DESIGN TOTAL

A paisagem urbana moderna exige uma interferência planejada. O adensamento urbano, os fluxos de tráfego, as multidões nas ruas, as necessidades de comunicação dos diferentes agentes sociais em ação precisam de um fator ordenador, com uma concepção sistêmica, integrada e interativa, tanto no ambiente físico quanto no institucional. Todos esses elementos estão presentes no projeto pioneiro de sinalização e de mobiliário urbano para a Avenida Paulista, em São Paulo, SP, desenvolvido pelos arquitetos e designers urbanos João Carlos Cauduro e Ludovico Martino e implantado em 1974.

O Sistema de Sinalização original era composto por postes de uso múltiplo em forma prismática, com 7,2 metros de altura, livres de interferências ambientais. Seu objetivo era concentrar, de forma ordenada, sistemática e harmônica, todas as mensagens visuais e equipamentos complementares necessários para informações aos usuários, pedestres e motoristas.

O Sistema de Mobiliário Urbano incluía um conjunto de 198 abrigos de ônibus agrupados ao longo da avenida, num total de 2.574 metros quadrados de área coberta. O projeto também incluía abrigos para bancas de jornais, quiosques para segurança, para lanchonetes e para venda de flores, além de 535 bancos, que poderiam comportar 1.070 usuários sentados.

Croquis da Av. Paulista, SP, em frente ao Parque Trianon, como móveis e equipamentos urbanos: ponto de ônibus (no alto) e conjunto de postes de sinalização.

UM OLHAR SOBRE O DESIGN BRASILEIRO PANORAMAS JOICE JOPPERT LEAL

Poste com placas de sinalização de trânsito e identificação do logradouro (abaixo), equipamento para ponto de ônibus, em frente ao Parque Trianon.

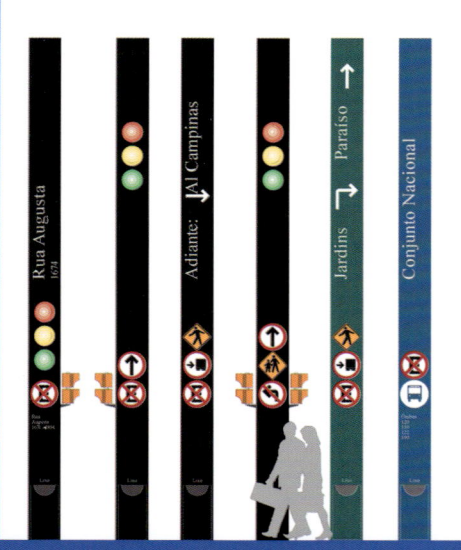

41

O BRASIL ESTREIA NAS PASSARELAS

Rhodia, multinacional francesa de fios e fibras sintéticas, é a empresa que, individualmente, maior impacto causou na criação de uma moda brasileira. A estratégia da empresa era promover as confecções que trabalhavam com tecidos feitos com seus fios e fibras e que se transformaram em sinônimos de qualidade – Tergal, Rhodianyl, Rhodalba e Rodosá. Para isso, agia em várias frentes.

Em 1959, lançou os primeiros editoriais de moda, como encartes da grande imprensa, abrindo o mercado editorial e propiciando o surgimento das revistas femininas. Articulou e apoiou um grupo de confecções que fez surgir o prêt-à-porter brasileiro, feminino e masculino. Planejava novas coleções utilizando estamparias assinadas por grandes artistas brasileiros. Lançava as coleções brasileiras nas grandes capitais da moda, abrindo as passarelas internacionais para nossos produtos.

No Brasil, os desfiles-show promovidos anualmente pela Rhodia na Feira Nacional da Indústria Têxtil (Fenit) transformaram-se numa verdadeira escola de profissionais de moda. O grande maestro desse empreendimento foi Lívio Rangan, italiano radicado no Brasil, responsável pela gerência de publicidade e promoção da Rhodia durante dez anos.

Nos anos de 1970, surgiu o Centro de Desenvolvimento Têxtil, em Santo André, SP, e o Centro Rhodia de Exposições da Indústria e das Artes Têxteis, mais tarde chamada Casa Rhodia, e a Coordenação Industrial Têxtil, uma parceria entre empresas que editava cartelas com tendências de cores para o Brasil e oferecia cursos de formação profissional. Em 1978, a Rhodia promoveu o primeiro curso de estilismo no Brasil, com Marie Rucki, diretora do Studio Berçot, de Paris. Na década seguinte, os cursos da Rhodia se tornariam uma referência de moda em todo o Brasil.

*Manequins lançam coleção em Brasília; na foto, o arquiteto **Oscar Niemeyer**.*

*O costureiro **Denner** e manequins: coleção confeccionada com fibras e tecidos Rhodia.*

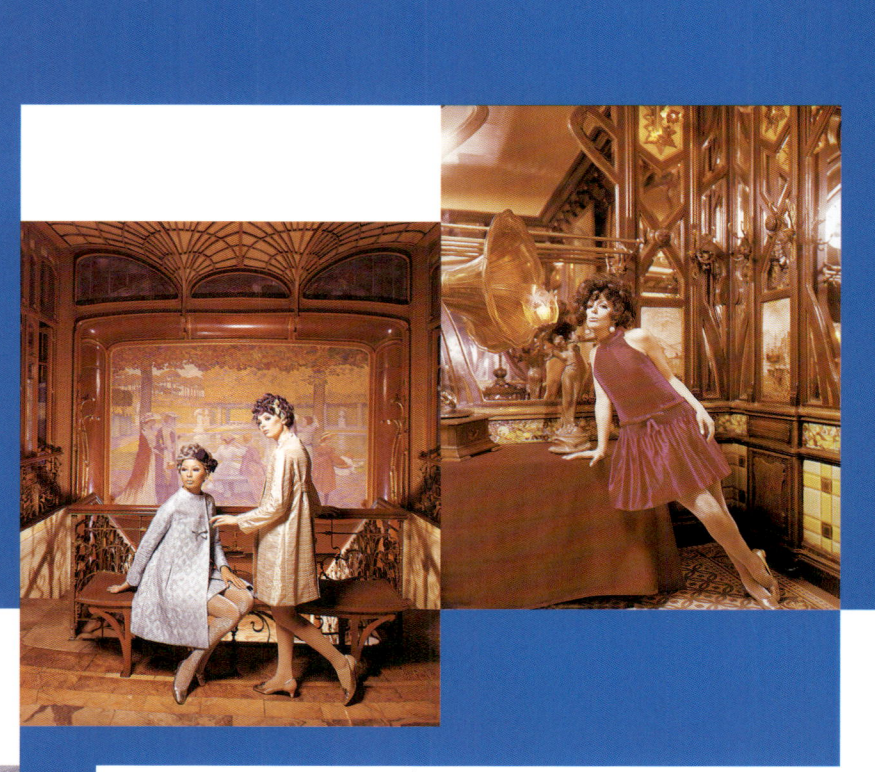

UM OLHAR SOBRE O DESIGN BRASILEIRO **PANORAMAS** JOICE JOPPERT LEAL

Lançamento internacional
Linha Rhodia *no
restaurante Maxim,
em Paris.*

PRÊMIO MUSEU DA CASA BRASILEIRA

O Prêmio Museu da Casa Brasileira é a mais respeitada e tradicional premiação de design do país. Foi criado em 1986, como resultado de uma ação conjunta entre o Núcleo de Desenho Industrial da Fiesp, a Secretaria de Estado da Cultura do Governo do Estado de São Paulo e a própria direção do museu, na época presidido por Roberto Duailibi. O objetivo do prêmio é promover o ofício do designer, estimular a adoção de soluções de arte e tecnologias brasileiras e revelar novos talentos. Os critérios de seleção incluem aspectos como a qualidade estética, a criatividade da solução, a funcionalidade e a potencialidade para a industrialização dos produtos apresentados.

Ao longo de suas sucessivas edições – chega a sua 18ª em 2004 –, o Prêmio Museu da Casa Brasileira mostra que no Brasil se faz design de primeira qualidade. Aceita inscrições em oito categorias básicas – Mobiliário, Utensílios, Iluminação, Têxteis, Revestimentos, Equipamentos de Construção, Equipamentos Eletroeletrônicos e Ensaios Críticos –, que originalmente eram focadas no espaço de moradia. Nas últimas edições, a área de abrangência foi ampliada, incluindo a produção para escritórios, hospitais e outros espaços de trabalho.

Acima,
Poltrona Pelicano, **Michel Arnoult**,
em lona e eucalipto maciço de reflorestamento, produzida pela KpK Oficina de Interiores, Atibaia, SP.

Na página seguinte, da esquerda para a direita,
Cadeira Mimo,
protótipo em borracha sintética de **Thomaz Ribeiro Bondioli**, *de São Paulo, SP;*
Construk, *trama de retalhos de couro, base para tapetes, almofadas e bolsas, da designer* **Fernanda Vitale** *e da* **ONG Núcleo Terê**, *Presidente Prudente, SP;*
Coleção São João, **Heloísa Crocco**, **Júlia Weinschek**, **Fernanda Schuch**, **Caroline Weissheimer**,
Laboratório Piracema de Design, Porto Alegre, RS.

UM OLHAR SOBRE O DESIGN BRASILEIRO **PANORAMAS** JOICE JOPPERT LEAL

*Ao lado,
da esquerda para a direita,
Inter Plus VAPS,
ventilador pulmonar usado
em situações de emergência,
da **Questto Design**, São Paulo, SP,
produzido pela Intermed
Equipamento Médico Hospitalar;
Cadeira Levita, de **Manuel Bandeira**,
em aço inox, Ultra Design,
Salvador, BA;
Mochila da linha Malote Flux,
de **Bruno Novo**, **Fábio Gaspar**
e **Frederico Gelli**, **Tátil Design**,
Rio de Janeiro, RJ.*

PRÊMIO IDEA/BRASIL

O IDEA/Brasil, promovido em conjunto pela Associação Objeto Brasil e a Agência de Promoção das Exportações e Investimentos (Apex-Brasil) é a versão brasileira do maior prêmio de design dos Estados Unidos, o International Design Excellence Awards (IDEA Awards), criado há mais de três décadas pela Industrial Designers Society of America (IDSA) e realizado pela primeira vez em outro país. Sua primeira edição aconteceu em 2008. Desde então, tem premiado o melhor do design brasileiro em aproximadamente 24 categorias. De móveis a aviões, de utilitários a automóveis, passando por acessórios, joias, esportes, produtos para escritório, iluminação, artigos para casa, design têxtil, design em serviços – o melhor da produção de nosso design tem recebido Ouro, Prata e Bronze na premiação. Profissionais renomados, novos nomes, indústrias e empresas de design têm recebido reconhecimento nacional e internacional. Os premiados pelo IDEA/Brasil concorrem automaticamente na edição norte-americana, com participantes do mundo inteiro. O Brasil tem consagrado seu design conquistando ali também o Ouro, ensejando, além disso, a geração de negócios e acesso mais amplo ao design. Enfim, o melhor para todos.

*Acima, **Troféus do Prêmio IDEA/Brasil 2008**.*

*Na página seguinte, da esquerda para a direita, Plateia lotada na entrega do **Prêmio IDEA/Brasil em 2008**, no Teatro Frei Caneca, em São Paulo; Representante da **Fundação Roberto Marinho** recebe o **Prêmio IDEA Awards 2010**, pelo projeto Museu do Futebol; **Joice Joppert Leal**, diretora executiva da **Associação Objeto Brasil**, discursa na abertura da cerimônia.*

UM OLHAR SOBRE O DESIGN BRASILEIRO PANORAMAS JOICE JOPPERT LEAL

endorsed by IDSA

INTERNATIONAL DESIGN EXCELLENCE AWARDS '11

ARTES & OFÍCIOS

48

*Nesta página,
susplat trançado em palha de
milho, artesanato da
Associação Mãos Gaúchas, RS.*

O BRASIL DOS ARTESÃOS
CARMEN POUSADA

O artista-artesão é movido pela arte do saber e do fazer, é influenciado pelo ambiente, pela cultura e pelas tradições locais. A natureza rica em matérias-primas oferece aos nossos talentosos artistas e artesãos variedade e abundância de materiais a serem transformados por sua criatividade e técnica em belos e úteis objetos.

Em todas as regiões do nosso imenso território existem dedicados artistas que desenvolvem a sua arte e seu ofício, criando objetos tradicionais bastante conhecidos e admirados, muitos deles comercializados em grandes cidades. Em cada região, surgem traços, cores e formas característicos, uma beleza peculiar, muitas vezes utilizando tecnologia desenvolvida pelos próprios artistas ou por seus ancestrais.

A arte cerâmica, por exemplo, uma de nossas mais antigas e expressivas tradições culturais, tem várias vertentes no Brasil. Entre os destaques estão as do Vale do Jequitinhonha, em Minas Gerais, com seus bonecos representativos do cotidiano dos moradores. O Pará, berço da tradição marajoara, mantém sua rica produção iluminada pela presença do ilustre Mestre Cardoso, artesão e ceramista cujo trabalho de elevado padrão de qualidade técnica e artística é reconhecido internacionalmente.

CARMEN ELISABETH POUSADA *é produtora cultural e coordenadora da Galeria Millennium, São Paulo, SP. Foi diretora do Centro Cultural do Liceu de Artes e Ofícios de São Paulo, coordenadora do Centro Cultural Fiesp e do Espaço MAM Higienópolis.*

A natureza fértil e generosa do Estado oferece muitas outras opções a seus artesãos. As folhas do buriti, por exemplo, são largamente utilizadas para a criação de delicados e belos cestos, balaios, quadros, brinquedos e outros objetos.

O trabalho coletivo e anônimo de bordadeiras talentosas já virou símbolo do Ceará. O barro, nas mãos hábeis e ágeis dos artesãos, transforma-se em ricos utensílios domésticos e objetos decorativos, como vasos, potes, bilhas. Do couro, são criados roupas, selas, arreios, botas, baús, bolsas e sandálias, com uma habilidade que venceu o tempo e se espalhou por várias regiões, multiplicando-se em diversos ofícios.

No Maranhão, a arte e a ciência de reproduzir embarcações fazem surgir as leves e coloridas miniaturas de canoas costeiras e igarités, que nada ficam devendo às versões originais. As técnicas de tecelagem aplicadas às fibras naturais resultam em lindas peças decorativas e utilitárias, como bolsas, chapéus, redes e toalhas de mesa. Os azulejos pintados à mão, retratando a tradição arquitetônica dos sobrados e casarões, são conhecidos em todo o país.

No artesanato do Rio Grande do Sul destacam-se os objetos derivados do couro e da lã, com design adaptado às tradições regionais. Em Santa Catarina o artesanato é múltiplo, como as correntes migratórias que no passado aportaram no Estado. Os alemães, por exemplo, desenvolveram delicadas e graciosas camponesas, anjos, arranjos de flores de palha de milho e bananeira. O fator técnico trouxe significativa transformação à manufatura de alguns produtos artesanais típicos, como a cerâmica, os vidros, os objetos de madeira e as joias. Os segmentos de mobiliário e cerâmica talvez reflitam mais do que qualquer outro o profundo impacto do fator tecnológico. Existe hoje no Brasil uma moderna e diversificada indústria moveleira produzindo em escala e em padrões internacionais. A qualidade técnica e o design diferenciado de pisos e azulejos possibilitaram um vertiginoso crescimento da indústria de cerâmica brasileira, a hoje quinta maior do mundo. Esse desenvolvimento, contudo, não afetou a produção artesanal que permanece vigorosa nas diferentes regiões.

Miniatura de barco, artesanato da região de Paraty, RJ, cidade portuária histórica e centro pesqueiro do litoral sul fluminense.

O Brasil tem larga tradição ceramista, com o desenvolvimento de verdadeiras escolas, como a de Caruaru, interior de Pernambuco, com seus bonecos que reproduzem personagens da cultura local; ou os grandes vasos pintados do Ceará. Produção em torno, Belém, PA. Azulejos de cerâmica pintados, **Ateliê Sarassá**, São Bernardo do Campo, SP.

UM OLHAR SOBRE O DESIGN BRASILEIRO **ARTES & OFÍCIOS** CARMEN POUSADA

Nesta página, da esquerda para a direita:

No Vale do Jequitinhonha, em Minas Gerais, os artesãos desenvolvem uma cerâmica com identidade própria: bonecas de roupa branca, de mestre **Zezinha**.

Seu Vicente, *com seus pássaros, na porta de casa em Olhos d'Água, GO.*

Nossa Senhora das Flores, **Rita Huesca Hidalgo**, *Sutaco/Taubaté, SP.*

Nesta página,
da esquerda para a direita:

Serviço de mesa,
de **Durvalina R. da Cruz**
de Olhos d'Água, GO.

Panela em pedra-sabão,
artesanato tradicional
e típico da região
de Ouro Preto, MG.

Moringa em forma
de boneca, de ceramista
anônimo de Bom Sucesso
do Itararé, SP.

UM OLHAR SOBRE O DESIGN BRASILEIRO **ARTES & OFÍCIOS** CARMEN POUSADA

As carrancas em madeiras eram usadas, tradicionalmente, na proa das barcaças que navegavam pelo Rio São Francisco, um dos mais importantes do Brasil; hoje são objetos de decoração muito apreciados. Estas são de Juazeiro, BA.

O artesanato em madeira é variadíssimo e já era muito desenvolvido pelos povos indígenas: banco de madeira produzido por tribos do Xingu; cachepô de cipó, da Adere, ambos da Sutaco/Taubaté, SP.

*Nesta página,
da esquerda para a direita:*

*Tingimento de fios com
corantes naturais, Olho d'Água, GO.*

*Fibras de diferentes origens são
trabalhadas em trançados, delicadas
peças de crochê ou em rústicos teares:
artesã tecendo fibra de buriti,
Programa de Artesanato Solidário,
Urucuia, MG.*

Sapo trançado em fibra de taboa,
Manoel Baptista Neto,
Sutaco/Taubaté, SP.

*Trabalho em tear de pedal,
Poço Verde, SE.*

UM OLHAR SOBRE O DESIGN BRASILEIRO **ARTES & OFÍCIOS** CARMEN POUSADA

A arte de fiar e tecer: peça de tear em lã, acima da direita para a esquerda, da **Associação Mãos Gaúchas**, *interior do Rio Grande do Sul; redes de descanso em tear, de* **Lenita Fernandes Maia Paiva**, **Oficina Terra do Sol**, *João Pessoa, PA; conjunto para lavabo com fios de algodão e corante natural, Olhos d'Água, GO.*

O Brasil herdou variadas técnicas de renda e bordado dos colonizadores portugueses: ao lado, bordadeira em técnica tradicional, Recife, PE; ao lado, bordado da oficina de **Artesanato Solidário**, *povoado de Entremontes, município de Piranhas, AL.*

NOSSO DESIGN – TRADIÇÃO E **TECNOLOGIA**

O povo sempre desenhou seus projetos. Soluções engenhosas que, conjugando a necessidade com escassez de recursos, buscam conformar o resultado final com padrões estéticos. O resultado pode ser visto dos imponentes batelões, amplas canoas escavadas nos troncos de árvores a ferro e fogo, à velha espingarda pica-pau, arranjo caboclo para assegurar boa caça e enriquecer a alimentação da família; das lamparinas recortadas em latas de azeite às bateias, que colhiam a areia e água dos rios para ver brilhar em seu fundo os cobiçados grãos de ouro e os diamantes.

Com o advento da sociedade industrial, a população passou a condição de compradora de objetos que não planejou nem produziu. Nem por isso, entretanto, abandonou a aspiração de ver conciliadas a utilidade e a beleza.

No mundo moderno, essa harmonia é dada pelo design. Elemento diferenciador no mercado, ele é fundamental para a competitividade dos produtos.

MÁRIO COVAS
Governador do Estado de São Paulo de 1994 a 2001, escreveu este texto para Objeto Brasil no ano 2000.

Canoa de tradição indígena, mantida pelos pescadores do litoral brasileiro, feita de um único tronco de árvore.

Veleiro Paratii2, projetado e construído sob orientação do navegador brasileiro Amir Klink, com a mais moderna tecnologia náutica.

Em fevereiro de 2004, o **Paratii2** completou mais uma circunavegação do globo, navegando próximo ao Círculo Polar Antártico.

A ARTE DE EMBALAR
DALVA SOARES BOLOGNINI

DALVA SOARES BOLOGNINI *é formada em Comunicação Social na área de Propaganda e Publicidade, em Folclore Brasileiro e é especialista em Museologia.*

Os sistemas alimentar e de crenças se aliam para formar a base de todas as culturas. E a cultura brasileira se faz de múltiplas vertentes do Ocidente e do Oriente, sendo a cozinha um de seus mais evidentes testemunhos. É no espaço consagrado da cozinha que se escolhe, define, organiza, prepara, serve e preserva a comida, forte símbolo de identidade cultural.

A cozinha é o centro vital da casa, o espaço marcante da presença feminina, pois é geralmente à mulher que cabem as tarefas desempenhadas na cozinha, desde a simples preparação do café da manhã diário, até o mais elaborado jantar de cerimônia. Mesmo dentro de alto padrão social, é a mulher, diretamente ou não, quem define a organização e o funcionamento da cozinha.

É exatamente nesse contexto que se dá um dos maiores consumos de embalagens, seja no âmbito da cultura erudita, seja no popular. Percebe-se a crescente preocupação de alcançar o máximo da tecnologia na produção de embalagens eficientes, fáceis de pegar, de utilizar e passíveis de reciclagem e, ainda, portadoras de atração irresistível. A embalagem tradicional que ocupa seu lugar na cozinha e na casa brasileira é produzida artesanalmente com os materiais disponíveis na natureza próxima, em geral orgânicos, ou reutilizados, e que contêm em si a carga cultural de quem e do local que a produz.

UM OLHAR SOBRE O DESIGN BRASILEIRO **ARTES & OFÍCIOS** DALVA SOARES BOLOGNINI

Nesta página, cartuchos feitos com folhas de revistas utilizados para acondicionar temperos, **Mercado Ver-o-Peso**, *Belém, PA.*

As duas modalidades são comparáveis. A primeira, porque, graças ao bom design, não precisa mais do que o deslocamento de um fitilho, a abertura fácil indicada por sinais impressos, a reciclagem do seu material garantida pela engenharia, conhecimento e consciência da necessidade de reciclar para salvar o ambiente. A segunda, porque não se preocupa com detalhes técnicos. É fruto do conhecimento empírico, que desconhece design como técnica, mas que se adapta aos hábitos regionais, com alimentos ali produzidos para consumir em pequeno espaço de tempo. São ovos protegidos pela palha de milho, é doce de buriti embalado na caixa de madeira feita do tronco do buritizeiro, é cheiro-verde para o peixe do dia embrulhado em folhas de revistas, é folha de caeté servindo de papel de embrulho para a carne fresca no mercado. Das soluções tradicionais, merecem destaque os paneiros, comuns no Mercado Ver-o-Peso, de Belém, PA, confeccionados de talos de guarumã e trançados em todas as variantes, de modo a acondicionar desde caranguejos vivos até farinha. Verdadeiros ícones de design intuitivo!

As embalagens tradicionais são importantes representantes da nossa cultura material, pois seu estudo pode definir conhecimentos tecnológicos e repertórios etnográficos. De grupos africanos, os bolos de feijão condimentado, o abará. De vertente europeia, portuguesa, técnicas como a olaria, com uso de mesa e torno para a produção de potes e garrafas para embalar melado, aguardente, vinho, mel de abelhas. Técnicas de aproveitamento de couro na elaboração de caixas, baús, bruacas – embalagens para produtos a granel, vendidos de porta em porta ou no armazém da pequena cidade, em oposição aos supermercados das grandes metrópoles. É a farinha extraída da mandioca em todas as suas granulações, é a rapadura em tijolo envolta nas folhas da própria cana-de-açúcar.

Doce de buriti
acondicionado em caixa rústica de madeira.

UM OLHAR SOBRE O DESIGN BRASILEIRO **ARTES & OFÍCIOS** DALVA SOARES BOLOGNINI

Paneiros do
Mercado Ver-o-Peso,
Belém, PA:
exemplos de nossa
rica cestaria.

Paneiro de malha fechada
para guardar
caranguejos vivos,
Mercado Ver-o-Peso,
Belém, PA.

Paneiro com bananas,
Mercado Ver-o-Peso,
Belém, PA.

É a identidade brasileira, o grande leque de possibilidades culturais do Brasil, diversificado na forma e no conteúdo humano que revela heranças de suas etnias formadoras – indígena, europeia e negra –, enriquecidas mais tarde com os imigrantes de diferentes origens, do Ocidente e do Oriente.

É dessa herança que se forma a cozinha brasileira, rica de tradições, de adaptações e resultados na composição de comidas e bebidas. Laboratório em que durante mais de 500 anos vem sendo construída a sua culinária característica. No mundo globalizado, de comunicações instantâneas, conserva-se o gosto pela simplicidade do arroz com feijão, da carne bovina e dos temperos, que com os europeus aprendemos a apreciar; da variedade de farinhas extraídas da mandioca, que com os indígenas aprendemos a preparar; das pimentas, que com os negros aprendemos a usar; dos cereais, das sementes, das massas e dos molhos trazidos pelos imigrantes árabes e italianos; das verduras cruas, que os franceses nos ensinaram a comer; da salsicharia, que nos trouxeram os alemães; e mais recentemente das delícias que japoneses e chineses introduziram no Brasil e que cada vez mais utilizam ingredientes brasileiros.

É nessa cozinha repleta de possibilidades e atrativos que se encontram inúmeros testemunhos da nossa cultura material, como embalagens, panelas, colheres de pau, instrumentos para medir e pesar, a louça de servir, talheres, mesas, armários, os indispensáveis fogão e pia, refrigeradores, eletrodomésticos que ajudam na preparação dos pratos, e utensílios para conter, lavar, secar, reservar e auxiliar as muitas fases pelas quais os alimentos passam para se transformar na comida bonita e gostosa que vai à mesa.

Pamonha,
doce de milho
verde cozido
em trouxinhas
de folha de milho,
Piracanjuba, GO.

Abará,
comida afro-brasileira
à base de feijão,
camarão seco e amendoim,
cozido em folha de bananeira,
Salvador, BA.

UM OLHAR SOBRE O DESIGN BRASILEIRO ARTES & OFÍCIOS DALVA SOARES BOLOGNINI

Tzuon-zu,
comida de origem chinesa
feita de arroz,
carne picada e amendoim,
envolta em folha de bambu,
São Paulo, SP.

Desde o Brasil-colônia, a palha de milho é usada como suporte para embalagens no comércio popular de diversos produtos artesanais: ovos, bala de melado, doce de buriti e rapadura.

UM OLHAR SOBRE O DESIGN BRASILEIRO **ARTES & OFÍCIOS** DALVA SOARES BOLOGNINI

Garrafas de vários tipos e em diferentes materiais: em pedra-sabão, para aguardente, de **Maria Aparecida Zurlo** *e* **Maria Sônia M. de Pinho**, *Milagre de Minas, Ouro Preto, MG.*

Garrafas decoradas com palha de buriti, para acondicionar aguardente.

Coleção de garrafas em diferentes suportes: metal e arame com papel de seda, da **Rarum**, *Campinas, SP; cerâmicas do Vale do Jequitinhonha, MG; cerâmica pintada, de* **Everenice Tamanini**, *Búzios, RJ; e garrafa em resina, da* **Marco500**, *São Paulo, SP.*

67

O DESIGN POPULAR
LUCIANA AGUIAR E EBER FERREIRA

LUCIANA TRINDADE DE AGUIAR
é antropóloga, autora do livro "Spinning Lives", publicado por University Press of América, sobre a tecelagem do Vale do Jequitinhonha, MG; participa do Programa Artesanato Solidário.

EBER LOPES FERREIRA
é designer, pesquisador e especialista em arte têxtil e em corantes naturais, autor do livro "Corantes Naturais da Flora Brasileira – Guia Prático de Tingimento com Plantas".

A importância do universo popular em nossa cultura foi colocada de diferentes formas ao longo da história, na tentativa de situar o seu lugar, seu universo e sua estética na identidade nacional. Falar sobre "design popular", expressão que vai além de sua compreensão, nos remete à origem da palavra inglesa design, do latim designare, marcar, traçar, ordenar, imaginar; do francês dessigner, "plano mental", "propósito".

No universo do design industrial, a criação de um objeto vai da configuração mental da peça à sua execução real; no universo popular, o processo é similar por ter a mesma intencionalidade, ao considerar as propriedades do material, os limites da técnica, a questão econômica e os aspectos culturais; mas também é um processo inverso por partir de um pensar distinto. Como expressou o artesão Galdino de Caruaru "... meu trabalho é diferente, que em mundo nem um não tem... os recortes com ideias, que só meu gênio convém... minha criatividade, é de um mundo muito além".

No universo popular, o objeto surge a partir do fazer, do manuseio dos materiais, que leva à concepção da peça como um projeto. Nhô Caboclo, artista popular pernambucano, criava engenhocas em miniaturas, utilizando pedaços de madeira, lata velha, pregos, cordão e tudo o que encontrava pela frente, numa espécie peculiar de bricolagem, afirmava "tiro minha arte do miolo do juízo, nunca aprendi nada com ninguém".

UM OLHAR SOBRE O DESIGN BRASILEIRO ARTES & OFÍCIOS LUCIANA AGUIAR E EBER FERREIRA

Mandala do Divino, um exemplar da série de mandalas inspiradas na cultura e religiosidade popular, produzidas pela **Oficina de Agosto**, projeto coordenado pelo designer e artista plástico **Antônio Carlos Bech**, na vila de Bichinho, Tiradentes, MG.

Herdeiros de uma criatividade capaz de dialogar com os conceitos culturais que orientam seu meio, artesãos e artistas populares são tradutores refinados do universo de sua cultura, com traços individuais repletos de personalidade e de improvisos. Seu processo criativo passa sobretudo por um diálogo entre a matéria e o tema, mediado pela técnica. Ao mesmo tempo, transmitem o imaginário e o saber fazer de suas criações a seus entes mais próximos, que reproduzem e perpetuam o gênio criativo de seus mestres.

Mesmo nos objetos mais simples, a estética e o utilitário estão intrinsecamente colocados. Os utensílios de cerâmica usados na vida cotidiana, além de sintéticos em sua forma, servem não só para o armazenamento e transporte de água, mas, principalmente, para mantê-la fresca. Também nos artefatos indígenas, arte e vida se confundem: todos os objetos trazem uma função utilitária, um sentido estético e um significado simbólico particular.

Almofada com a bandeira brasileira e *Latas de mantimentos em folha de flandres*, da **Oficina de Agosto**.

UM OLHAR SOBRE O DESIGN BRASILEIRO **ARTES & OFÍCIOS** LUCIANA AGUIAR E EBER FERREIRA

Na **Oficina de Agosto**, a maioria das peças decorativas e utilitárias são produções coletivas, projetadas por **Antônio Carlos Bech** e construídas pelos **artesãos da comunidade de Bichinho**, MG.

Mulher na janela, escultura em cerâmica; tatu e carrinho, esculturas em madeira.

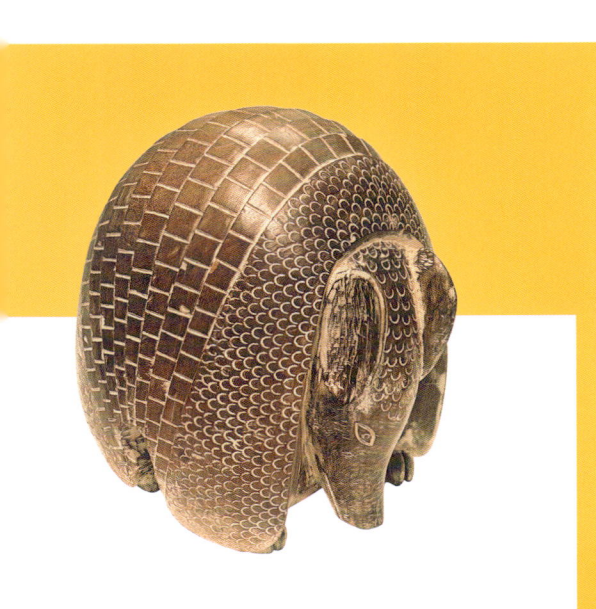

As possíveis interações entre artesãos e profissionais de design podem seguir o caminho das interferências de interesses unilaterais, em que o desenho popular é apropriado por uma estética acadêmica, pela utilização da habilidade manual do artesão. Esse contato também pode acontecer em oficinas em que se estabelecem trocas e a estética e o conhecimento popular contribuem para repensar padrões, surgindo assim objetos originais e atrativos. Os designers têm muito a contribuir para a adequação de alguns produtos artesanais, que, quando retirados de sua origem, são reinseridos em um contexto urbano e contemporâneo com outros critérios e novas adaptações. O mesmo acontece com a introdução de outros materiais, como madeiras tropicais, sementes amazônicas, fibras e corantes naturais, e também com os princípios de responsabilidade social e respeito ambiental, conceitos atuais que têm como objetivo transformar essas trocas em iniciativas economicamente viáveis e autossustentáveis.

O processo de globalização da economia promove certa homogeneização dos padrões de consumo no mundo inteiro e, simultaneamente, também gera demandas por produtos autênticos e genuínos em que a origem, a história e o conceito do produto são fundamentais. Dessa forma, as referências ao desenho popular, quando inseridas corretamente no desenvolvimento de produtos, abrem uma nova possibilidade para sua comercialização. O mercado, que é praticamente inacessível ao artesão pelas diferenças de universos culturais, passa a ser um importante canal para a valorização e promoção de seus produtos.

Assim como a vida social está em permanente transformação, a dinâmica cultural cria e recria as expressões populares incorporadas ao patrimônio nacional. Essas influências vêm e vão, como a própria vida, pois no fazer artesanal não existe apenas o propósito de garantir a sobrevivência, mas, sobretudo, um profundo prazer em fazer e a constante reinvenção de uma tradição que não se esgota. É este saber e esta sabedoria que nos remetem a um novo olhar sobre a criação de objetos e suas releituras no universo popular brasileiro.

UM OLHAR SOBRE O DESIGN BRASILEIRO ARTES & OFÍCIOS LUCIANA AGUIAR E EBER FERREIRA

Renato Imbroise trabalha há 20 anos com artesãos do sul de Minas Gerais, influenciando e sendo influenciado por eles.

Na página anterior, bolsas e chapéus em capim-dourado, matéria-prima originária da região de Jalapão, Tocantins.

Nesta página, jogos americanos em palha e crochê e cortina com flores em crochê.

*O designer **Renato Imbroise**
cria texturas, explorando e recriando
técnicas tradicionais de arranjos com
tecidos e crochê:
almofada com pintinhos em crochê;
capa de almofada com
pequenas flores em tecido.*

UM OLHAR SOBRE O DESIGN BRASILEIRO ARTES & OFÍCIOS LUCIANA AGUIAR E EBER FERREIRA

Cerâmicas decorativas da oficina Cores da Terra, de Ibirataia, Bahia: maçãs, cactos e bananas.

Acima, manta em lã e acabamento com pinhões de **Renato Imbroise**.

CLÁSSICOS & PIONEIROS
O TRABALHO INOVADOR DA ARTE NATIVA

Em 1976, surgiu em São Paulo a Arte Nativa Aplicada – a primeira empresa a reproduzir em moldes industriais tecidos com padronagens inspirada na rica iconografia dos povos indígenas brasileiros. A empresa foi uma criação de Maria Henriqueta Gomes, esposa do senador Severo Gomes, que iniciou suas atividades inovadoras na indústria da família, fabricante do tradicional cobertores Parayba. A experiência ganhou novo impulso com a Arte Nativa, que começou produzindo acessórios de moda, como lenços, cangas e xales, e logo passou para tecidos e objetos decorativos. As primeiras coleções inspiravam-se nos trabalhos dos índios das tribos kadiwéu, do Pantanal; waura, do Xingu; e ipurinã, do Amazonas. Os acessórios incluíam cerâmicas, instrumentos musicais, utensílios e cestaria que, com a intervenção de designers e artistas gráficos, adquiriam uma linguagem contemporânea.

Maria Henriqueta também perseguia a ideia de resgate da memória nacional, das nossas raízes até a atualidade: desenvolveu produtos inspirados na Expedição Langsdorff, nos azulejos de origem portuguesa, nas xilogravuras de cordel e nos grafites do artista plástico Alex Vallauri.

A empreendedora abriu um novo nicho para os designers têxteis. Desde a sua criação nos anos de 1970, até o encerramento de suas atividades, em agosto de 2002, a Arte Nativa Aplicada produziu coleções assinadas por profissionais como Angélica Neumaier, Celso Lima, César Miranda, Circe Bernardes, Débora Baldaconi Ewbank, Heloísa Crocco, Iris Di Ciommo, João de Souza Leite, José Lancellotti, Manuel Guglielmo, May Suplicy, Raffaella Perucchi, Renata Tassinari Binnie, Suzana Gruber, Valéria Mendonça, Vera Souto, Yvonne Rigobello e a artista plástica Ester Grispum, além de Elisa e Maria Augusta Gomes, filhas de Henriqueta – um time de criadores que delineou uma identidade para a estamparia brasileira, com formas e cores amparadas em nossas raízes culturais.

A Arte Nativa Aplicada participou de diversos eventos nacionais e internacionais, com mostras no Museu de Arte de São Paulo (Masp), Museu Paulista, MAM-RJ, Bienal de São Paulo, Bienal de Havana, ECO 92 e Expo 98, de Lisboa, além de exposições na Itália, na Dinamarca e nos Estados Unidos, e conquistou quatro prêmios do Museu da Casa Brasileira pela excelência do seu design.

Tecidos com padronagem de inspiração indígena, desenvolvidos pela **Arte Nativa**, *São Paulo, capital, de* **Maria Henriqueta Gomes**.

UM OLHAR SOBRE O DESIGN BRASILEIRO **ARTES & OFÍCIOS** LUCIANA AGUIAR E EBER FERREIRA

CARMEN PORTINHO:
A PESSOA CERTA NO LOCAL CERTO

A engenheira e urbanista Carmen Portinho foi uma das mulheres mais atuantes no Brasil durante o século XX. Além de deixar sua marca na história da engenharia, do urbanismo e da arquitetura, sua atuação no surgimento do design brasileiro foi seminal. Ao lado de figuras excepcionais como Aloísio Magalhães e Alexandre Wollner, entre outros, criou, no começo dos anos de 1960, a Escola Superior de Desenho Industrial (Esdi) – a primeira escola de design da América Latina.

A ideia surgiu no final da década de 1950 entre os notáveis que dirigiam o Museu de Arte Moderna (MAM), do Rio de Janeiro, onde Carmen era diretora executiva. A intenção era trazer ao Brasil os mesmos princípios que norteavam a Hochschule für Gestaltung (HfG), fundada pelo arquiteto suíço Max Bill na cidade de Ulm, na Alemanha – a "Escola de Ulm" – inspirada no Bauhaus e no conceito de "bom design". O MAM convidou um ex-diretor da HfG, o designer argentino Tomás Maldonado, para implementar o perfil pedagógico da nova escola de design, mas o projeto não foi adiante. A semente, todavia, fora plantada.

O projeto germinou em dezembro de 1962, quando a Esdi foi criada, vinculada à Secretaria de Educação do Estado da Guanabara. Entre seus primeiros professores, estavam alguns ex-alunos de Ulm, como Alexandre Wollner, Karle Heinz Bergmiller e Aloísio Magalhães.

Carmen Portinho tornou-se diretora da instituição em 1967, exercendo a função nos 20 anos que se seguiram. Nesse longo período, transformou a Esdi em um verdadeiro monumento da comunicação visual e do design sul-americano. Entre os professores que atravessaram esse período atribulado estavam Décio Pignatari, Zuenir Ventura, Renina Katz e Frederico Moraes.

Para Carmen, o designer não era um artista preocupado com a estética, mas um técnico vinculado à produção industrial, à fabricação em série e ao mercado. Entre seus esforços estava o papel de esclarecer o empresariado nacional das vantagens do desenho industrial e de seu potencial de agregar valor aos produtos. Convidava empresários para conhecerem a atividade profissional do designer e os alertava sobre a concorrência das multinacionais que chegavam com seu design.

Por essas e muitas outras atitudes e decisões tomadas em seu gabinete, Carmen Portinho foi a pessoa certa, no lugar certo, na hora certa. Por sua fibra e dedicação, marcou sua presença na história do design brasileiro.

*Croqui do prédio do **Museu de Arte Moderna do Rio de Janeiro**, projeto de **Affonso Eduardo Reidy**, corte transversal mostra bloco da área de exposições.*

O INTANGÍVEL NO DESIGN
WLADIMIR MURTINHO

WLADIMIR MURTINHO
foi diplomata de carreira, embaixador do Brasil na Dinamarca, Ceilão e Índia, diretor do Instituto Rio Branco, secretário de Educação e Cultura do Distrito Federal e chefe da Assessoria Internacional do Ministério da Cultura.
Este foi um de seus últimos artigos, escrito um pouco antes de sua morte, em dezembro de 2002.

O design, visto como herança intangível, está presente em variados bens do patrimônio imaterial. Essa questão, a dos "bens imateriais", tem sido alvo de um diálogo muito produtivo entre o Ministério da Cultura do Brasil e a Unesco. A abordagem atual da questão do patrimônio cultural incorpora uma orientação nova, que valoriza tanto a tradição quanto a dinâmica própria de sua criação.

A dimensão imaterial nunca esteve ausente no processo de constituição dos patrimônios culturais. Aos materiais de memória, como os monumentos e documentos, agora se somam fenômenos que "dilatam a memória histórica", ou seja, relatos e narrativas orais, criações musicais, rituais, gestos, línguas ágrafas e outras formas de expressão que podem ser fixadas em diferentes suportes pelos inúmeros recursos de documentação atualmente disponíveis.

As discussões nos últimos anos avançaram e tornaram possível uma legislação específica sobre o assunto, o Decreto nº 3.551, de 4 de agosto de 2000, que institui no Brasil o registro de bens culturais de natureza imaterial e cria o Programa Nacional do Patrimônio Imaterial, instrumentos voltados especificamente para a preservação e valorização de bens de caráter processual.

UM OLHAR SOBRE O DESIGN BRASILEIRO ARTES & OFÍCIOS WLADIMIR MURTINHO

*Panela de cerâmica elaborada pela **Associação das Paneleiras de Goiabeiras**, Espírito Santo. Os conhecimentos e as técnicas envolvidos no processo de produção dessas panelas foram registrados como patrimônio imaterial brasileiro.*

A introdução do tema patrimônio imaterial no repertório dos patrimônios históricos e artísticos implica uma reavaliação de procedimentos jurídicos e administrativos, uma consciência maior da interlocução das políticas culturais com a agenda social, a econômica, a ambiental e uma atenção maior à dimensão simbólica do processo de construção dos patrimônios culturais. Isso nos remete para temas tão complexos e sensíveis em nosso país, como a exclusão-inclusão da memória dos diferentes grupos formadores da sociedade brasileira, o significado do preceito constitucional dos "direitos culturais" e a tão controversa questão da identidade nacional – que, mesmo impalpável, pode ser percebida tanto nos objetos produzidos por nossos artesãos, quanto no design que neles se inspiram.

Sem ufanismo, a edição do Decreto nº 3.551 colocou o Brasil na vanguarda de uma preocupação hoje predominante nos organismos internacionais de cultura, como a Unesco, com respeito à diversidade cultural.

Desde a sua criação, o Instituto do Patrimônio Histórico e Artístico Nacional (IPHAN) debatia em clima de conflito a dicotomia bens materiais – bens imateriais. Foi somente na gestão de Aloísio Magalhães, iniciada em 1979, que se tornou relevante o significado dos bens imateriais. Magalhães sempre fora mais familiarizado com o tema, por sua formação artística, atuação no mundo do design e referência cultural. Dispondo de equipes novas, ele trabalhou para que o intangível passasse a enriquecer o velho patrimônio com uma visão renovadora dos processos e desempenhos. Não se tratava de antagonismo com a questão urbanístico-arquitetônica, mas uma questão de reconhecimento dos diversos desdobramentos convergentes de nossa rica cultura.

Inicialmente, com o apoio do ministro Severo Gomes, foi criado o Centro Nacional de Referência Cultural que foi sucedido pela Fundação Nacional Pró-Memória. Criada para conferir agilidade aos trabalhos do antigo SPHAN, a fundação reuniu as áreas de confrontação e de desgaste. Mas a morte prematura de Aloísio Magalhães, essa grande figura da cultura nacional, em 1982, traumatizou o processo.

O registro de bens culturais de natureza imaterial, instituído pelo Decreto nº 3.551, pelo qual se assegura a mais ampla documentação possível sobre cada manifestação cultural protegida, ainda não foi aberto. O Conselho Consultivo do IPHAN, porém, já escolheu as panelas de barro tradicionalmente fabricadas no Espírito Santo como o primeiro modo de fazer a ser consolidado em nosso repertório para inaugurar o Livro dos Saberes, que reunirá os conhecimentos e modos de fazer enraizados no cotidiano das comunidades. Em alguns casos, é possível dizer que os bens materiais imóveis, móveis e integrados chegam a parecer mais vulneráveis que as manifestações imateriais. É o caso, por exemplo, da Igreja do Rosário de Diamantina, que seria impensável sem as festas da padroeira, verdadeiras celebrações impregnadas de africanidade. Apesar disso, dois tronos feitos em madeira policromada para o rei e a rainha do Rosário de Diamantina foram vendidos a um antiquário, que os repassou ao Governo do Estado de São Paulo. As peças hoje fazem parte do mobiliário do Palácio dos Bandeirantes, sede do governo paulista, ao lado de muitos outros bens móveis procedentes de antigas igrejas mineiras.

A questão do patrimônio imaterial deve ser tratada de maneira mais ampla e abrangente. O programa de ação não pode ter como único fim o registro, pois, em si, ele garante tanto quanto o tombamento, ou seja, os bens podem ser logo destruídos ou perecidos – caso não ocorra, simultaneamente à sua classificação, iniciativas de apoio, estímulo, amparo e incentivo às manifestações e aos processos em foco, ou seja, um programa consistente e de caráter nacional.

São iniciativas exemplares como as da Fundação de Arte de Ouro Preto, em Minas Gerais, com o apoio do Sebrae, que desenvolve cursos com mestres de ofícios – como canteiros de pedras, bordadeiras, ceramistas, fabricantes de máscaras e outros –, com o objetivo de preservar os seus fazeres. Podemos incluir também o excelente trabalho desenvolvido pelo Centro de Trabalho Indigenista, coordenado pela antropóloga Dominique Tilkin Gallois, no registro impresso das pinturas corporais com padrões gráficos da tribo wajãpi, do Amapá.

Essa comunidade de 550 pessoas, que vivem distribuídas entre 40 aldeias, na Região Norte do Brasil, possui um repertório definido de padrões gráficos chamado kusiwa. Cada padrão é identificado por um nome próprio, que abrange também suas variantes. Com a intervenção do CTI, essas pinturas corporais perderam a condição do efêmero, ao introduzir novos suportes, como folhas de papel, canetas e tintas coloridas. O novo suporte ampliou as possibilidades de combinações dos padrões kusiwa, além de valorizar a criatividade e a expressão individual, em composições que surpreendentemente nunca se repetem. São tradições como essas e muitas outras de nossa complexa diversidade cultural que precisam ser resgatadas e registradas, no âmbito do patrimônio imaterial, para que a nossa cultura seja preservada e permaneça acessível às futuras gerações.

UM OLHAR SOBRE O DESIGN BRASILEIRO ARTES & OFÍCIOS WLADIMIR MURTINHO

Garrafas com desenhos formados por areias coloridas fazem parte do artesanato típico do litoral do Estado do Ceará e requerem uma técnica transmitida de geração a geração pelos artesãos. Sais de banhos compostos e embalados segundo essa técnica adquirem imediatamente uma marca distintiva de produto brasileiro.

A foz do Amazonas tem uma sofisticada tradição ceramista pré-colonial, conforme farto registro arqueológico. As mais destacadas são a cultura tapajônica, que floresceu na confluência do rio Tapajós com o Amazonas, onde hoje fica a cidade de Santarém, e a cultura marajoara, na ilha de Marajó, foz do Amazonas.

O **Vaso Cariátide** é típico da cultura tapajônica: na parte inferior há uma espécie de suporte com a forma de carretel; a parte superior, bem maior, tem a forma de uma cuia, e ambas são ligadas entre si por três cariátides antropomorfas.

O **Vaso Santarém** é uma reprodução feita pelo ceramista e pesquisador autodidata.

Mestre Cardoso, que domina as técnicas das culturas tradicionais e tem autorização para reproduzir peças históricas para museus e centros de pesquisa.

O trono de madeira policromada foi feito originalmente para a Festa do Rosário de Diamantina, Minas Gerais, uma das celebrações de grande sincretismo da cultura afro-brasileira. Hoje integra o acervo do Palácio do Governo do Estado de São Paulo.

SAMBA, CÍRIO DE NAZARÉ E QUEIJO DO SERRO

Além do ofício das paneleiras de Goiabeiras, do Espírito Santo, o Programa Nacional do Patrimônio Imaterial já registrou mais uma expressão cultural em seu Livro de Registro dos Saberes: a arte kusiwa – cosmologia, pintura corporal e linguagem gráfica dos povos indígenas wajãpi, do Amapá, proclamada patrimônio oral e imaterial da humanidade.

Estão em andamento os processos de registro de mais três manifestações: o samba; o Círio de Nossa Senhora de Nazaré, de Belém, Pará, proposto pela Arquidiocese de Belém e Diretoria da Festa do Círio; e o do queijo do serro, proposto pela Secretaria de Estado da Cultura de Minas Gerais e pela Associação dos Amigos do Serro.

*A arte plumária indígena brasileira é única em todo o mundo. É uma forma de expressão, em que cada povo indígena desenvolve seu próprio estilo, com motivos e composições específicos para diferentes rituais: diadema vertical, arte plumária bororo, em azul (à esquerda); máscara de inspiração indígena, de **Mara Chaves Altan** (ao centro); cocar indígena (acima).*

UM OLHAR SOBRE O DESIGN BRASILEIRO ARTES & OFÍCIOS WLADIMIR MURTINHO

*A **arte cantária** é atividade artesanal com tradição centenária em Ouro Preto e nas demais cidades históricas de Minas Gerais. Seus saberes e técnicas têm sido preservados por cursos promovidos pelo Sebrae e Fundação de Arte de Ouro Preto.*

INDUMENTÁRIA

86

Saia e spencer de
Lino Villaventura,
modelo Ana Cláudia Michels.

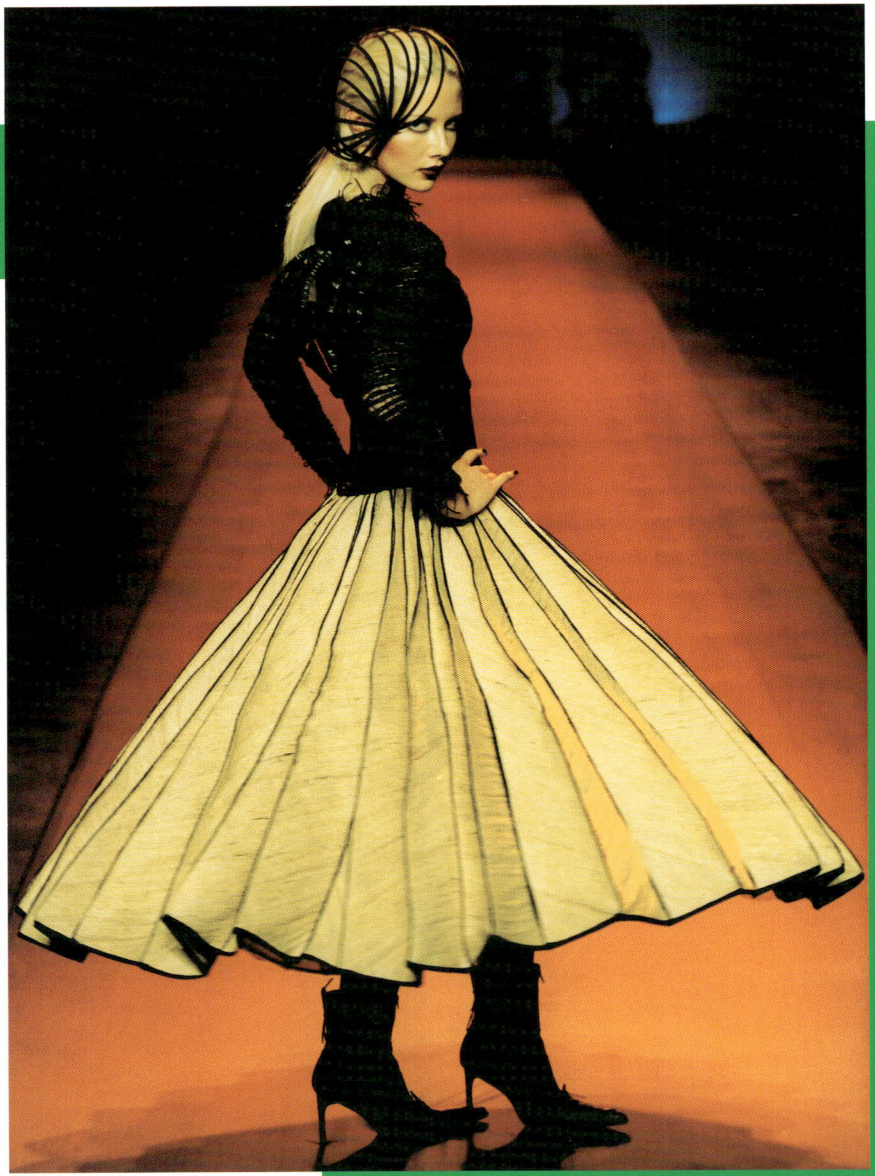

VESTINDO O DESIGN
LIANA BLOISI

LIANA BLOISI
*é designer
e artista plástica.
Trabalhou para
United Merchants,
em Nova York (EUA),
com produtos distribuídos
por Bloomingdale,
Bendel's, Sacks, 5th Avenue,
entre outras, e como
consultora independente
pela Modart.
No Brasil, com Paradoxart,
desenvolveu e promoveu
o movimento dos
Wearable Art.*

Existe uma relação vivencial entre o traje e o homem, que é, ao mesmo tempo, proposta e resposta da história física, espiritual, social, econômica e estética de um povo. O traje é uma interpretação da personagem em ação. Permite compreender sua criatividade como parte da experiência do cotidiano de variadas etnias.

É, a um só tempo, inspiração e expressão da identidade cultural de um grupo social.

O design do traje é a representação gráfica de formas coletivas; uma referência, uma atuação no real e no imaginário. É um íntimo testemunho de um corpo. A forma é sua linha condutora de expressão. Representa momentos em que as características essenciais do vestir se fazem presentes. Busca, a priori, resolver sua função, atender ao gosto, ao consumo, além de tentar refletir uma estética sociogeográfica compatível com as necessidades desse corpo a vestir.

Em contrapartida, o design do traje, à medida que o mundo se torna mais dependente da tecnologia, é forçado a realizar criações mais especializadas.

Dessa forma, se distancia da criação mais autônoma, mais coerente, mais funcional a seu habitat, para satisfazer às falas globalizadas que nos levam à uniformização, à conformação do gosto, e, também, à ausência de um estilo nacional predominante.

A única forma de o design do traje manter sua identidade é não se distanciar das raízes culturais, sair em busca da poderosa energia das artesanias populares como ligação entre a mão e o espírito, heranças culturais que contribuem para que o design expresse sua individualidade.

Nesse momento, assistimos ao surgimento de um design mais artesanal, mais conectado com a ecologia, com o fazer à mão, com nossas raízes, resolvido dentro da multiplicidade necessária com os tempos atuais. Esse design tem muito a ver com a nossa realidade brasileira, mostra nossa face e supre a lacuna aberta pela carência de uma tecnologia mais avançada. Ele se apropria da cultura popular, das artesanias têxteis e ornamentais, com forte traço emocional.

Paralelamente a esse processo específico, o design do traje aparece nas mãos de livres criadores, que traduzem uma visão singular, individual e única. Ele evoca a modernidade, mas não a realiza. Não traz uma evolução das formas estruturais. Os pontos de sustentação continuam os mesmos, a contemporaneidade só acontece na superfície, na mudança dos materiais e dos ornamentos.

Não basta ao nosso design parecer brasileiro. Ele deve ser brasileiro e deve se relacionar com o mundo. Para isso, tem de manter a independência na interpretação das particularidades e diversidades de um novo coletivo, uma sociedade com diferentes espaços, uma nova concepção ergométrica, outras necessidades e desejos vivenciais. O design deve compreender essa diversidade e usá-la como ponto de partida para alavancar a modernidade.

*Da esquerda para a direita, **Vestido de Vidro**, de **Elvira Shuartz**. **Terno dourado**, de **Thaís Lassa**, coleção Cavalera 2003, modelo Igor Macedo. **Bustiê** bordado com miçangas, vidrilhos e penas, de **Vera Arruda**.*

SÃO PAULO FASHION WEEK E A INDÚSTRIA DA MODA

PAULO SKAF

PAULO SKAF
é empresário, presidente da Federação das Indústrias do Estado de São Paulo (FIESP).

O talento das empresas e dos profissionais brasileiros em toda a cadeia têxtil é cada vez mais reconhecido no exterior. Só em 2003, o setor teve um crescimento de 40% nas exportações, gerando um superávit de 600 milhões de dólares. Esse sucesso é causado, em grande parte, pela presença cada vez mais marcante do Brasil no mapa internacional da moda.

A moda não só gera negócios como promove e divulga nosso país. O design de moda agrega valor e gera empregos. Quando exportamos um quilo de algodão em pluma, geramos um dólar para o país. Esse mesmo quilo transformado em calça de algodão gera 10 dólares, além da criação intensiva de postos de trabalho. Daí a importância de estimular o surgimento de novos estilistas e de mostrar nossas criações. Daí a importância de eventos como o São Paulo Fashion Week (SPFW) para a indústria da moda nacional.

É possível afirmar que o grande impulso da moda brasileira começou na primeira metade da década de 1990, ainda com o Phytoervas Fashion, evento que mostrava a criação de estilistas. Dois anos mais tarde, surgia o Morumbi Fashion, versão original do SPFW. Simultaneamente, entidades como a Associação Brasileira da Indústria Têxtil e de Confecção (Abit) se preocupavam em organizar feiras e rodadas de negócios com empresas do setor têxtil, como a Brasil Fashion Show. Resultado de tudo isso?

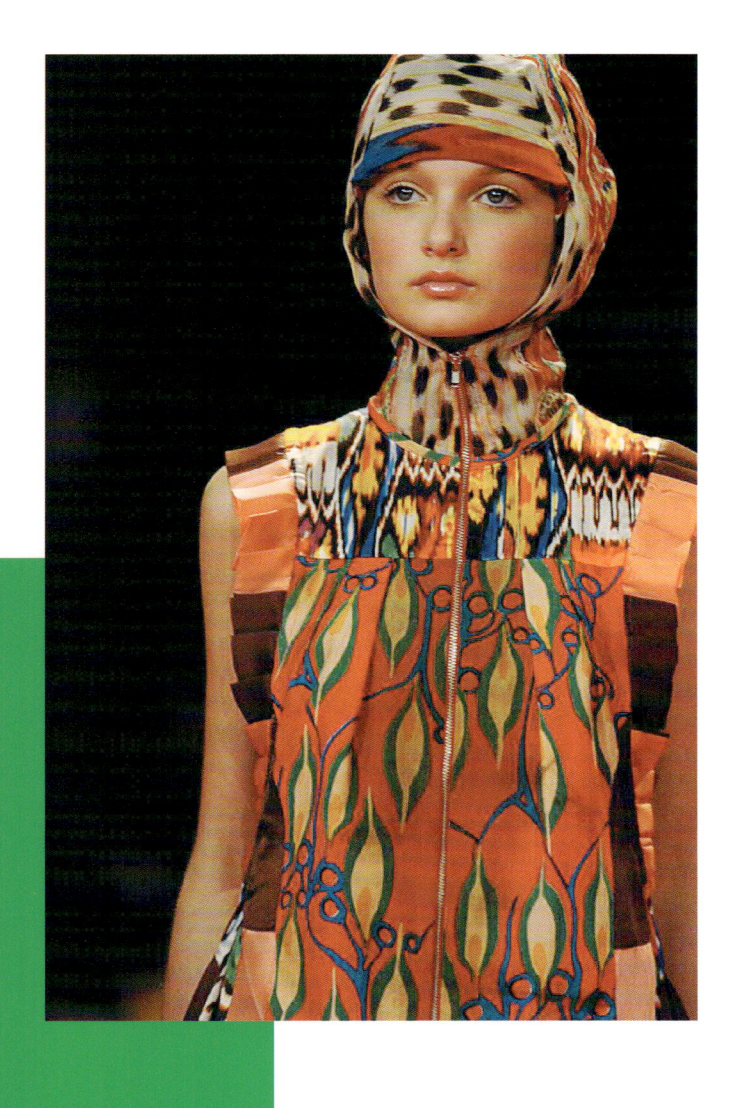

UM OLHAR SOBRE O DESIGN BRASILEIRO **INDUMENTÁRIA** PAULO SKAF

Criação de
Alexandre Herchcovitch,
modelo Jessica Pauletto,
Agência Marilyn.

A cidade de São Paulo começou lentamente a ser vista como a capital latino-americana da moda. E, realmente, desde o México até os confins da Argentina não existe evento que possa ser comparado ao SPFW em matéria de afirmação estética e de realização de negócios.
O estabelecimento de um calendário de moda possibilitou melhor organização, planejamento e estratégia tanto dos criadores quanto da indústria. Os lançamentos deixaram de ser isolados e ganharam unidade. Os estilistas, se antes estavam com o olhar totalmente voltado para o que acontecia no exterior, passaram a se ocupar mais com o desenvolvimento de um trabalho próprio. Com a criação de uma moda que realmente fosse "made in Brasil".

UM OLHAR SOBRE O DESIGN BRASILEIRO **INDUMENTÁRIA** PAULO SKAF

*São Paulo Fashion Week
Primavera-Verão 2005
(da esquerda para a direita,
de cima para baixo):
criação **equipe Zoomp**,
modelo Constantine;
criação **Huis Clos**,
modelo Lilian Kreutz;
criação **Lino Villaventura**,
modelo Michelle Alves;
criação **Fause Haten**,
modelo Bruna Freire;
criação **André Lima**,
modelo Carol Trentini;
criação equipe **Iódice**,
modelo Carol Trentini;
criação equipe **Uma**,
modelo Renata Klen;
e criação **Ronaldo Fraga**,
modelo Carol Trentini.
Todas as modelos são da
equipe da Agência Marilyn.*

Com um dos maiores litorais contínuos do planeta, o Brasil tem por tradição cultuar o mar, o sol e o calor. É natural que aqui tenha surgido uma moda praia variada e inventiva. Os brasileiros e as brasileiras gostam do mar, de mostrar o corpo e de fazer moda nas reduzidas peças usadas à beira-mar e nas piscinas. São marcantes a liberdade de criação e a ousadia que se expressam na busca de novos materiais, na combinação de cores, de padrões e de texturas, nos recortes cavados, nas transparências. O resultado é uma moda praia que reúne sensualidade e originalidade e que vem conquistando espaço nas passarelas dos grandes centros internacionais da moda.

Ao conquistar maior visibilidade para a moda brasileira, o SPFW permitiu que nossa criação ganhasse identidade, valorizando uma estética e uma cultura próprias. Os desfiles estimularam a competição, propiciando um salto na qualidade e na criatividade das marcas. Com a grande difusão do evento junto à imprensa e aos compradores, a moda brasileira passou a emitir reflexos expressivos no mercado externo. Tornou-se pauta obrigatória da imprensa internacional e de empresários de moda de outros países. O potencial criativo dos nossos estilistas, aliado a uma indústria que se moderniza tecnologicamente, já é reconhecido fora das fronteiras do nosso país. Várias grifes nacionais são apresentadas e comercializadas no exterior.

Essa boa fase da moda brasileira tem se traduzido na proliferação de cursos sobre estilismo e moda e se expressado em indicadores econômicos positivos: no ranking nacional, o setor têxtil é o segundo maior do país e o quarto produtor mundial. A indústria têxtil e de confecção responde por quase 5% do PIB brasileiro e gera cerca de 1,6 milhão de empregos. O Brasil é o terceiro país na produção de malhas e o sétimo em fios e artigos confeccionados.

Apesar disso, a posição do setor no comércio internacional ainda é acanhada: pouco mais de 0,2% do total das exportações e importações. E nossas empresas ainda não têm fôlego para atender às demandas de grandes cadeias de lojas, comuns em países como Estados Unidos, concentrando seus negócios na Europa que tradicionalmente possui pequenas redes. Por isso, o trabalho ainda está longe de terminar: investimentos constantes são necessários, assim como a abertura de novas possibilidades de negócios.

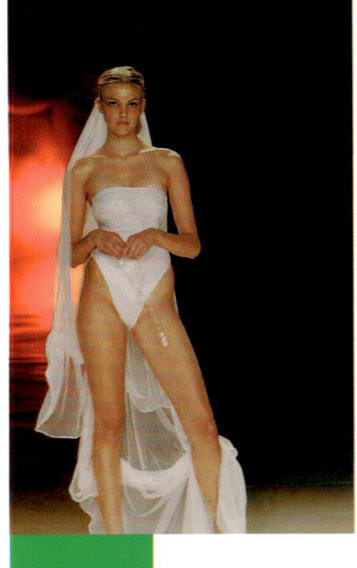

*SPFW Primavera-Verão 2005, desfile moda-praia (da esquerda para a direita, de cima para baixo): criação equipe **Rosa Chá**, modelo Carol Trentini; criação equipe **ÁguaDoce**, modelo Michelle Alves; criações equipe **Poko Pano**, modelos Renata Klen e Carol Trentini; criação equipe **ÁguaDoce**, modelo Michelle Alves; e criação equipe **Rosa Chá**, modelo Constantine. Todas as modelos são da equipe da agência Marilyn.*

Uma boa expectativa nesse sentido aconteceu recentemente, com a ideia da Prefeitura de São Paulo de unir forças com empresários, governo federal e estilistas para transformar a cidade em um grande polo exportador de moda. A ideia é, a partir da edição de junho de 2005 do SPFW, realizar simultaneamente uma feira internacional voltada para compradores estrangeiros. Iniciativa interessante, especialmente se considerarmos que a região metropolitana de São Paulo apresenta uma das maiores aglomerações mundiais da indústria têxtil e de vestuário: são 4.200 empresas na cidade, e mais 5.200 empresas na região metropolitana; 83 mil empregos formais na cidade; 120 mil empregos formais na região metropolitana.

Outra iniciativa interessante foi promovida pela São Paulo Fashion Week, que resolveu organizar o Salão Nacional de Moda e Design, com quatro edições anuais. A estratégia é mudar o conceito de moda no país e permitir que as marcas façam mais negócios com as novas coleções – inclusive com as que estão sendo apresentadas nos desfiles. Além disso, quatro lançamentos ao longo do ano mudam todo o processo da cadeia produtiva, desde a indústria até os lojistas. Os riscos para o empresário e estilistas diminuem.

A indústria da moda brasileira atingiu um nível de desenvolvimento que lhe permite atuar segundo as exigências do mercado internacional. Temos produtos de alta qualidade e estilo próprio que, certamente, são competitivos em todo o mundo. O desafio agora é descobrir mais e mais maneiras de entrar com sucesso nesses mercados externos. E para isso, parcerias entre os setores de produção e os setores de criação de moda são não apenas fundamentais, mas vitais.

GLAMOUR E **NEGÓCIOS NA** MODA BRASILEIRA

"Sempre acreditei que só pensando juntos, e de forma organizada, fortaleceríamos o negócio da moda no Brasil. Um país como o nosso, de proporções continentais, precisava ter um centro de lançamentos para expandir seus negócios além-mar. Precisava mostrar a mesma força e estrutura que outros grandes produtores de moda do mundo." A afirmação é de Paulo Borges, criador e diretor artístico do Calendário Oficial da Moda Brasileira e de seu principal evento, o São Paulo Fashion Week (SPFW).

O Calendário foi criado em 1996, com o objetivo de unificar os elos da cadeia têxtil nacional e fortalecer, profissionalizar e gerar visibilidade para a moda brasileira. Ao concentrar os principais lançamentos do setor, oferece estrutura para que fabricantes e designers de moda apresentem suas criações ao mercado. Além do SPFW, o Calendário organiza várias outras ações na área de moda, como o Amni Hot Spot, um projeto de apoio a novos estilistas.

O São Paulo Fashion Week acontece semestralmente no prédio da Fundação Bienal de São Paulo, e mostra as principais coleções brasileiras de prêt-à-porter feminino e masculino e moda praia. É o evento de moda mais importante do país, tornando-se referência no mundo todo. Diretores das consagradas semanas de moda de Londres, Milão, Paris e Nova York já visitaram sua estrutura.

O desenvolvimento do evento gerou interfaces com projetos sociais e artísticos. O evento também chama a atenção do público para questões como a reciclagem do lixo, a prevenção da Aids e a extinção da fome no país, por meio de suas ações de conscientização.

São Paulo Fashion Week
Primavera-Verão 2004
criação equipe **Companhia Marítima**,
modelo Gisele Bündchen.

UM OLHAR SOBRE O DESIGN BRASILEIRO **INDUMENTÁRIA** PAULO SKAF

*Momentos do SPFW
Primavera-Verão 2005
(ao lado, da esquerda para a direita):
criação de **Lino Villaventura**,
modelo Michelle Alves;
criação da **equipe Zoomp**,
modelo Loiane Bienow;
criação de **Alexandre Herchcovitch**,
modelo Jessica Pauletto e
criação da equipe **Iódice**,
modelo Carol Trentini.
Todas modelos da Agência Marilyn.*

A MODA QUE VEM DA RUA
ANDRÉ HIDALGO

98

*Desfile da coleção de **Elisa Chanan**, 15ª Semana de Moda, 2003, Casa de Criadores, modelo Regina Fioresi, Agência Mega.*

ANDRÉ HIDALGO *é jornalista, idealizador e diretor do evento Semana de Moda – Casa de Criadores, que desde 1997 vem revelando novos nomes da moda brasileira.*

Personalidade e liberdade. Essas são as palavras de ordem no atual mundo do desenho de moda brasileiro. Não significa que moda conceitual esteja em alta ou que o estilista faça apenas o que lhe vem à cabeça. Pelo contrário. Hoje, mais do que nunca, os desenhistas de moda buscam inspiração na rua. Eles olham o que as pessoas estão usando e criam peças que as pessoas realmente querem vestir. Há uma conversa constante com o público. Daí o atual sucesso da moda jovem, com peças e tecidos que antes estavam reservados às academias e clubes.

E as tendências? Elas ainda existem, e servem de referências e parâmetros para o criador, mas agora o estilista pode ir adiante, ousar, exercer uma liberdade maior, porque sabe que seu público não está preocupado com "o que se está na moda". Vale tudo, pois o consumidor usa tudo. Antes de tudo, as pessoas buscam um estilo pessoal, algo que reflita seu cotidiano, sua personalidade, seu temperamento e modo de ser. Isso é valorizado a ponto de ser possível identificar traços da personalidade de alguém com uma simples análise do que se está vestindo.

A moda, hoje, é democrática e aceita todos os grupos, unindo estilo e conforto, num despojamento apenas "aparente". A garotada quer sair de casa com o visual de quem pegou qualquer coisa no armário e vestiu de qualquer jeito: mesmo que isso represente horas na frente do espelho. É uma nova interpretação do vestir, que está intimamente ligada ao estar bem.

*Coleção **Karlla Girotto**,*
15ª Semana de Moda, 2003,
modelo Rojane, Agência Elite.

Os estilistas perceberam isso e estão criando a partir desses parâmetros – especialmente os que trabalham com moda de rua, muito mais versátil do que outros tipos de moda. E com isso, conseguem grande retorno comercial. Vide o sucesso de marcas como Cavalera, A Mulher do Padre, Triton e Zapping, só para citar algumas. Ao "diluir" as tendências, o design de moda consegue criar peças que permitem inúmeras combinações, a ponto de os consumidores terem a sensação da moda individualizada. Essa convivência pacífica de estilos e modos de ser não é nada mais do que reflexo da globalização.

A partir daí, podemos questionar: existe um design de moda genuinamente brasileiro? No mundo em que vivemos, onde as informações circulam com velocidade espantosa, não é de se esperar que a moda brasileira e a de outros países sejam mais ou menos uniformes? Sim e não. A uniformidade se destaca no que sobraram de tendências. Mas a identidade nacional se sobressai no jeito de ser, na essência das criações.

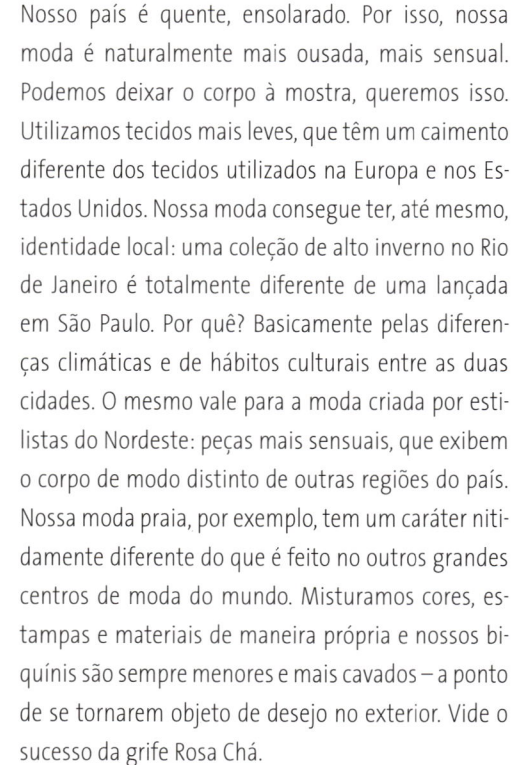

Nosso país é quente, ensolarado. Por isso, nossa moda é naturalmente mais ousada, mais sensual. Podemos deixar o corpo à mostra, queremos isso. Utilizamos tecidos mais leves, que têm um caimento diferente dos tecidos utilizados na Europa e nos Estados Unidos. Nossa moda consegue ter, até mesmo, identidade local: uma coleção de alto inverno no Rio de Janeiro é totalmente diferente de uma lançada em São Paulo. Por quê? Basicamente pelas diferenças climáticas e de hábitos culturais entre as duas cidades. O mesmo vale para a moda criada por estilistas do Nordeste: peças mais sensuais, que exibem o corpo de modo distinto de outras regiões do país. Nossa moda praia, por exemplo, tem um caráter nitidamente diferente do que é feito no outros grandes centros de moda do mundo. Misturamos cores, estampas e materiais de maneira própria e nossos biquínis são sempre menores e mais cavados – a ponto de se tornarem objeto de desejo no exterior. Vide o sucesso da grife Rosa Chá.

É na busca por uma linguagem própria de criação que os estilistas – aí sim – se voltam para a moda conceitual. É o momento de pesquisa, de exercitar novos formatos, caimentos diferentes. É quando a moda se volta e olha para dentro, disposta a se rediscutir. E toda essa pesquisa, é claro, vai acabar refletindo em algum momento na roupa que as pessoas usam na rua.

Graças a esse contexto, e ao trabalho sério de talentosos criadores, nossa moda vem sendo vista com mais seriedade no exterior. Infelizmente, ainda não somos tão reconhecidos quanto nossos criadores merecem, mas já não temos mais fama de copiadores. E alguns de nossos estilistas – normalmente aqueles que conseguem dar a cara para bater lá fora – estão obtendo sucesso nas passarelas mais disputadas. O mundo olha para o Brasil como um lugar que já integra o mapa da moda – e isso é algo novo para todo o setor.

UM OLHAR SOBRE O DESIGN BRASILEIRO **INDUMENTÁRIA** ANDRÉ HIDALGO

Momentos de desfiles da Casa dos Criadores: 15ª Semana de Moda, 2003, abaixo, da esquerda para a direita: coleção de **Elisa Chanan**, *modelo Laís Marchi, agência Mega; 16ª Semana de Moda, 2004, coleção de* **João Pimenta**, *modelo Loiane Bienow, Agência Marilyn); e coleção* **Walério Araújo**, *16ª Semana de Moda, 2003, modelo* **Rojane Lima F. Santos**, *Agência Elite.*

Coleção de **Rober Dognani**, *16ª Semana de Moda, 2004, modelos Taiana e Tamires Barroso Schetini, Agência Skin.*

UM TOQUE DE PERSONALIDADE
HELENA MONTANARINI

O mundo de hoje exige versatilidade. Daí a crescente busca por peças capazes de transformar uma mesma roupa em várias, de acordo com a ocasião. O potencial dos acessórios – especialmente de bolsas e sapatos – começou a ser notado pelas grandes grifes internacionais a partir da década de 1990, e os investimentos no setor começaram a crescer. A Dior, por exemplo, lançou a bolsa Lady Di, em matelassê, que se tornou sucesso imediato de vendas e trouxe novo ânimo para a marca. No Brasil, o fenômeno dos acessórios é um pouco mais recente: coisa de cinco anos. Por isso, o design nacional na área ainda é incipiente, e somente agora busca os primeiros traços de uma identidade brasileira.

HELENA MONTANARINI
*é consultora de moda e estilo.
Foi coordenadora
do Senac Modas, responsável
pela implantação da marca
Giorgio Armani no Brasil
e pela criação, implantação
e direção do projeto
Daslu Homem.*

Há algum tempo, a consumidora buscava a bolsa de marca famosa – especialmente se fosse internacional. Por isso, não havia espaço para uma criação que não fosse nos moldes do que se faz nos Estados Unidos e na Europa. Hoje, a busca da grife pela grife perde cada vez mais força – como já aconteceu nos grandes centros internacionais difusores de moda, em detrimento da necessidade de criar e demonstrar um estilo pessoal. Graças a isso, as bolsas brasileiras começam a se libertar de uma série de "amarras": não precisam mais combinar com cintos ou sapatos, podem ser feitas em couro ou tecido variados, podem ser pretas, brancas ou multicoloridas. Elas podem ser pequenas ou grandes, estruturadas ou caídas pelo corpo, com apliques e estampas variadas. A busca pela individualidade – tanto do criador quanto do consumidor – faz com que cada vez mais regras sejam rompidas: materiais são misturados, apetrechos são inseridos.

UM OLHAR SOBRE O DESIGN BRASILEIRO **INDUMENTÁRIA** HELENA MONTANARINI

Bolsas em tecido, feitas à mão, criações de **Marília Brandão** *(acima, à esquerda);* **Danielle Zylberstejn** *(acima, à direita); e de* **Serpui Marie** *(ao centro e ao lado).*

O importante é que cada peça seja única e reflita o estilo do seu criador. Isso abre espaço para a ousadia, para a busca de novas formas, novos desenhos.

Nessa mudança de mentalidade, cresce cada vez mais o número de estilistas que atuam à parte das grandes marcas, em pequenos ateliês – alguns deles, como Sandra Fukelmann, e sua marca Doll, ou Serpui Marie, já são grandes exportadores. Nesse novo contexto, destaca-se também o forte apelo do "feito à mão", especialmente quando relacionado a trabalhos sociais desenvolvidos por ONGs. Por isso, não é exagero falar que criatividade e responsabilidade social caminham juntas nas novas trilhas percorridas pelos designers brasileiros.

Se o mercado de bolsas já tem bastante presente essa preocupação em buscar uma cara nacional, os profissionais que desenham os sapatos que calçam os brasileiros ainda são muito influenciados pelos grandes centros europeus, especialmente a Itália. Isso não significa, porém, falta de designers capacitados: é possível encontrar inúmeros jovens criadores, com grande potencial, mas sem capital para colocar suas criações no mercado. Uma aliança real entre esses artistas e a indústria calçadista ainda está por se fazer.

*Seleção de bolsas Doll, de **Sandra Fukelmann**.*

UM OLHAR SOBRE O DESIGN BRASILEIRO INDUMENTÁRIA HELENA MONTANARINI

Mesmo sem o apoio da indústria nacional, alguns designers brasileiros de sapatos começam a fazer sucesso no exterior. Um exemplo é o estilista Icarius, que desde 2003 é diretor de criação da coleção italiana Lancetti. Já os modelos de Maurício Medeiros foram calçados pelas personagens do seriado de TV norte-americano Sex and the City.

No entanto, mesmo sem apresentar um diferencial criativo, o setor calçadista – com destaque para os centros produtores de Novo Hamburgo, no Rio Grande do Sul, e Franca, em São Paulo – vem apresentando bons resultados no mercado exterior. Só em 2003, o Brasil exportou 188 milhões de pares de sapatos, dos quais, 13 milhões foram para Reino Unido, Espanha, Países Baixos e Alemanha.

Por fim, é impossível falar em calçados brasileiros e em seu sucesso no exterior sem lembrar das legítimas Havaianas: criadas em 1962 pela São Paulo Alpargatas – provavelmente inspiradas na sandália japonesa Zori –, são consideradas a mais simples resposta à necessidade de proteger os pés. A simplicidade que calça dois em cada três brasileiros ganhou versão monocromática, em 1994, e virou cult: ganhou os pés dos vips e conquistou o mundo. Desde seu lançamento até hoje, mais de 2 bilhões de pares de sandálias Havaianas foram vendidos, não só para o mercado nacional, mas para vários países. Um sucesso do design nacional, que a cada ano ganha novos modelos e cores.

Sapatos e sandálias, do designer **Maurício Medeiros**.

*Sandálias decoradas com motivos associados à cultura popular brasileira, como bonecas e cestaria indígena, da **Morenatom**; calçados e sandálias **Azaleia**; tênis **Rainha**, com amortecedores ajustáveis, e chuteiras **Topper**, marcas esportivas da **Alpargatas** (ao lado).*

*Calçados interativos Ciao Mao, criação da designer **Priscila Callegari**. Design e conforto compõem o conceito da marca, premiada com Ouro no IDEA/Brasil 2008.*

UM OLHAR SOBRE O DESIGN BRASILEIRO INDUMENTÁRIA HELENA MONTANARINI

As Havaianas são as sandálias mais populares do Brasil. Duráveis, feitas de borracha, produto natural 100% brasileiro. Circulam nos pés de agricultores, empresários, índios da Amazônia, intelectuais, operários, estudantes, donas de casa e modelos. São imbatíveis nas praias e piscinas. A cada segundo, são vendidos cinco pares de Havaianas no mundo, 300 por minuto, 18 mil por hora, 140 milhões por ano, 2,4 bilhões desde a sua criação, em 1962. Alinhando um dos modelos com a numeração 37, é possível dar 50 voltas ao redor do mundo pela linha do Equador.

Modelo único por 32 anos, desde 1994 as Havaianas vêm se reinventando cotidianamente, com novas cores, formas, solados. Sucesso na Expo 98, em Lisboa; na Bienal de Veneza, inspiraram joias e estampas de camisetas, desfilaram nos pés das modelos de grandes designers de moda, como Ocimar Versolato, no Carrossel do Louvre, em 1999, tornando-se "popular" em passarelas como as do São Paulo Fashion Week. E viraram objeto de desejo em Nova York, Paris, Milão e tantos outros centros da moda.

Relicário Brasil, de **Inês Zaragoza**, *para Almap/BBDO.*

A ARTE DO DESIGN
HÉCLITON SANTINI HENRIQUES

HÉCLITON SANTINI HENRIQUES *é economista, mestre em Ciência e Tecnologia pela Universidade de Manchester, Inglaterra, consultor empresarial e presidente do IBGM.*

Em um mercado globalizado, são fatores decisivos para o sucesso de uma empresa a credibilidade de sua imagem e a qualidade dos produtos que ela oferece. Não por acaso, nos últimos anos, os investimentos em design deixaram, em muitas empresas, de ser uma questão de estética e se tornaram uma questão estratégica para a sua sobrevivência.

Durante sua evolução, o design teve momentos em que representava claramente a cultura de um país ou uma região: design italiano, alemão, japonês. Com o crescente processo de globalização, pouco a pouco as diferenças culturais entre produtos de diversos países foram diminuindo. As tendências internacionais foram cada vez mais valorizadas, principalmente por meio de diversas marcas ou grifes, com forte impacto no mundo da moda.

Em que pese a manutenção dessa tendência, no entanto, o mercado tem buscado um equilíbrio: o produto deve ser bem aceito no mundo todo, mas mantendo uma identidade nacional, representando aspectos positivos do país em que foi criado. Além disso, mais do que nunca, a empresa e seus produtos devem estar aliados à imagem do politicamente correto, até mesmo com a utilização de materiais alternativos que preservem a natureza.

O papel do design de joias hoje, portanto, é muito mais amplo do que foi no passado.

UM OLHAR SOBRE O DESIGN BRASILEIRO **INDUMENTÁRIA** HÉCLITON SANTINI HENRIQUES

Joia com a forma de peitilho, inspirada em antigos xales usados em Ouro Preto, Minas Gerais, de **Maria Elizabeth Altoé** *e* **Carolina Altoé Falcão**, *Prêmio IBMG 2004.*

Até os anos de 1970, o design do setor joalheiro no Brasil estava representado por poucos e iluminados designers, que desenhavam e fabricavam em regime de produção artesanal as chamadas joias de autor. Algumas empresas também produziam peças em escala industrial e de boa qualidade, porém com pouca diferenciação em design, salvo raras exceções. No quadro geral, o que tínhamos era a maioria dos produtores ofertando peças de origem estrangeira ou cópia delas.

A joia de autor é uma forma de expressão artística, como a escultura, a pintura ou a gravura, e foi o berço para o desenvolvimento do design nacional. Começou a ter maior repercussão no início dos anos de 1950, quando esses artistas-artesãos passaram a desenhar e fabricar, em pequenos ateliês, joias com design próprio, dentro das tendências e culturas de cada um. Muitos deles passaram também a "ensinar" suas técnicas de desenho e fabricação, criando as primeiras escolas, abertas a estudantes de arte, designers e ao público em geral, celeiro de muitos designers que tiveram participação importante na história do desenho de joias no Brasil.

*Releitura das sandálias Havaianas, em ouro, de **Pitti Paludo**, premiada no Design Fórum AngloGold 2002.*

*Conjunto de colar e brincos Camafeu, de **Marco Duailibi**.*

UM OLHAR SOBRE O DESIGN BRASILEIRO **INDUMENTÁRIA** HÉCLITON SANTINI HENRIQUES

Joias finalistas do Prêmio IBGM 2004:
Colar de **Sancha Lívia Resende***;*
anel Rocália, de **Emi Kyouho Hirose***;*
anel inspirado no Museu Oscar Niemeyer, de
Curitiba (PR), de **João Marcos Pereira Ramos***;*
anel Surf, de **Cláudia Lamassa***;*
anel MASP, de **Marco Marquese***; e*
anel Jangada, de **Jussara Porto Regás***.*

A partir daí começou, de forma incipiente, o intercâmbio entre designers-artesãos com a indústria joalheira, tendo como resultado a apresentação de produtos com designs mais criativos e originais. Essa, no entanto, era ainda uma época na qual a cópia prevalecia e a ousadia do design nacional diferenciado ficava restrita aos artesãos, com suas joias de autor, sem grandes repercussões no mercado.

Havia aí um grande ponto de estrangulamento a ser superado: a criatividade do design nacional, exercida particularmente por artesãos, não levava em consideração os interesses técnicos e econômicos da indústria joalheira. Esses artesãos viam os empresários, em geral, como pessoas insensíveis, que pensavam apenas em vendas e em custos. Estes, por sua vez, viam o artesão-designer como um sonhador, dissociado do mercado, cuja linguagem não reconhecia.

*Pendente para cinto ou colar, de **Gleice Drumond**.*

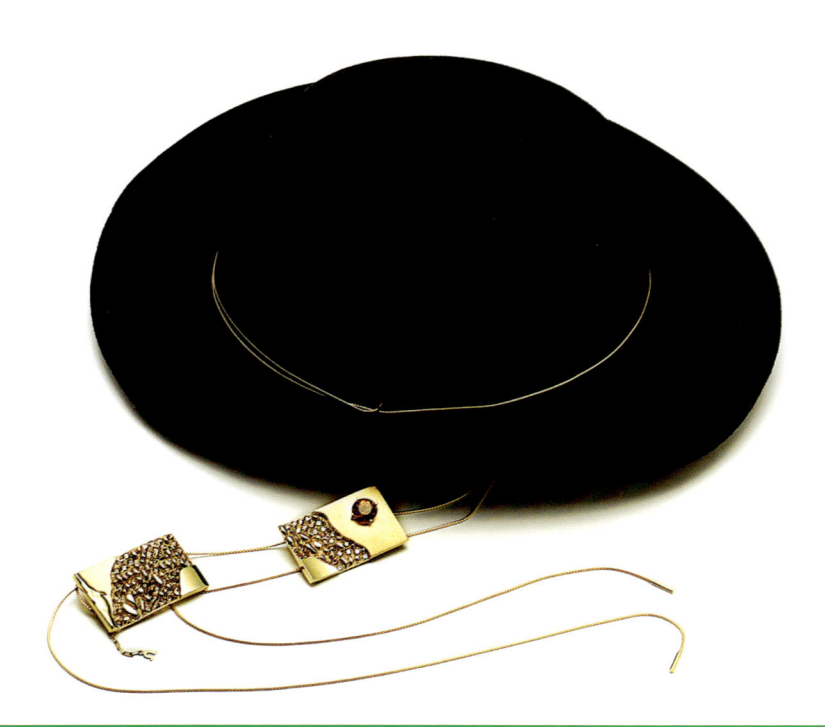

UM OLHAR SOBRE O DESIGN BRASILEIRO INDUMENTÁRIA HÉCLITON SANTINI HENRIQUES

Foi somente no início da década de 1990, com a criação de um planejamento estratégico para o setor no âmbito do Programa Brasileiro de Qualidade e Produtividade, que o design de joias e artefatos de pedras começou a superar seu ponto de estrangulamento, criando condições para iniciar sua escalada de sucesso. Para isso, foi fundamental a participação mais ativa do Instituto Brasileiro de Gemas e Metais Preciosos (IBGM) e das associações estaduais de classe.

Diversas parcerias foram formadas, destacando-se as realizadas com o Conselho Nacional de Pesquisas (CNPq), do Ministério de Ciência e Tecnologia, com o Serviço Nacional da Indústria (Senai) e com o Sebrae, para a criação da infraestrutura de apoio necessária ao fortalecimento da atividade, a exemplo das escolas de joalheria, dos serviços de consultoria, de estudos e das pesquisas de tendências, de prêmios de design e dos cursos de extensão em diversas universidades, além dos Núcleos Setoriais de Design, criados nas associações estaduais, coordenados pelo IBGM.

Colar e pulseira Boleadeira, de **Glória Corbetta** *(esquerda); e pulseira Abstracionista, de* **Beatriz Querubini Alves** *(à direita).*

Pingente em ouro, diamantes brutos e brilhante, coleção "Mistérios da Terra", de **Míriam Mamber** *(no alto, à esquerda); da esquerda para a direita: colar Masculino e Feminino, em ouro, água-marinha, kunzita e brilhante, de* **Míriam Mamber**; *pulseira de esmeraldas e ouro branco, de* **Ruth Grieco**; *abaixo da esquerda para a direita: três pendentes ou broches com base em ouro e rubelita, água-marinha e turmalina de* **Cathrine Clarke**.

Papel de destaque cabe ao Prêmio IBGM de Design, iniciado em 1991, com três categorias: joias de autor, joias industriais e novos talentos. O concurso estimulou a criação nacional, a utilização de gemas brasileiras, a maior integração entre designer e indústria e o aparecimento e o reconhecimento de diversos talentos responsáveis por uma segunda onda de criatividade no design de joias no Brasil.

Da mesma forma, a criação do Programa Brasileiro de Design, no âmbito do Ministério do Desenvolvimento, Indústria e Comércio Exterior e, posteriormente, a do Programa Setorial Integrado de Apoio às Exportações de Gemas e Joias, em conjunto com a Apex, com suas diversas ações de fomento, propiciaram também o fortalecimento do design nacional de joias e de artefatos minerais.

A busca por designers com experiência e formação de qualidade tornou-se prioritária para muitas indústrias de joias, que perceberam que o talento e a ousadia no desenho devem estar associados à capacitação desses profissionais quanto aos processos de produção, novos materiais e tendências internacionais.

Broche Ouriço Filamentoso, em ouro e coral negro (à esquerda), de **Maria José Cavalcanti**. *Colar inspirado no crescimento da soja (à direita), de* **Liliane Lima**.

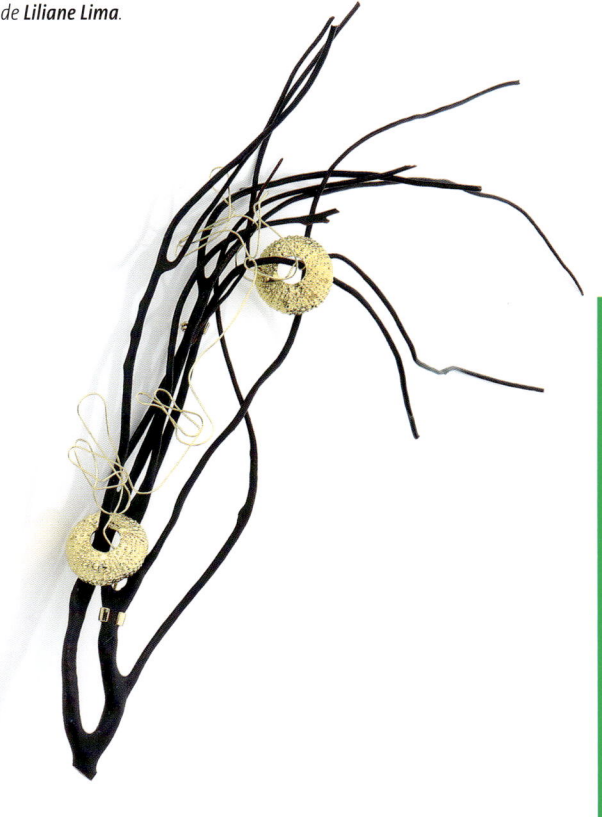

116

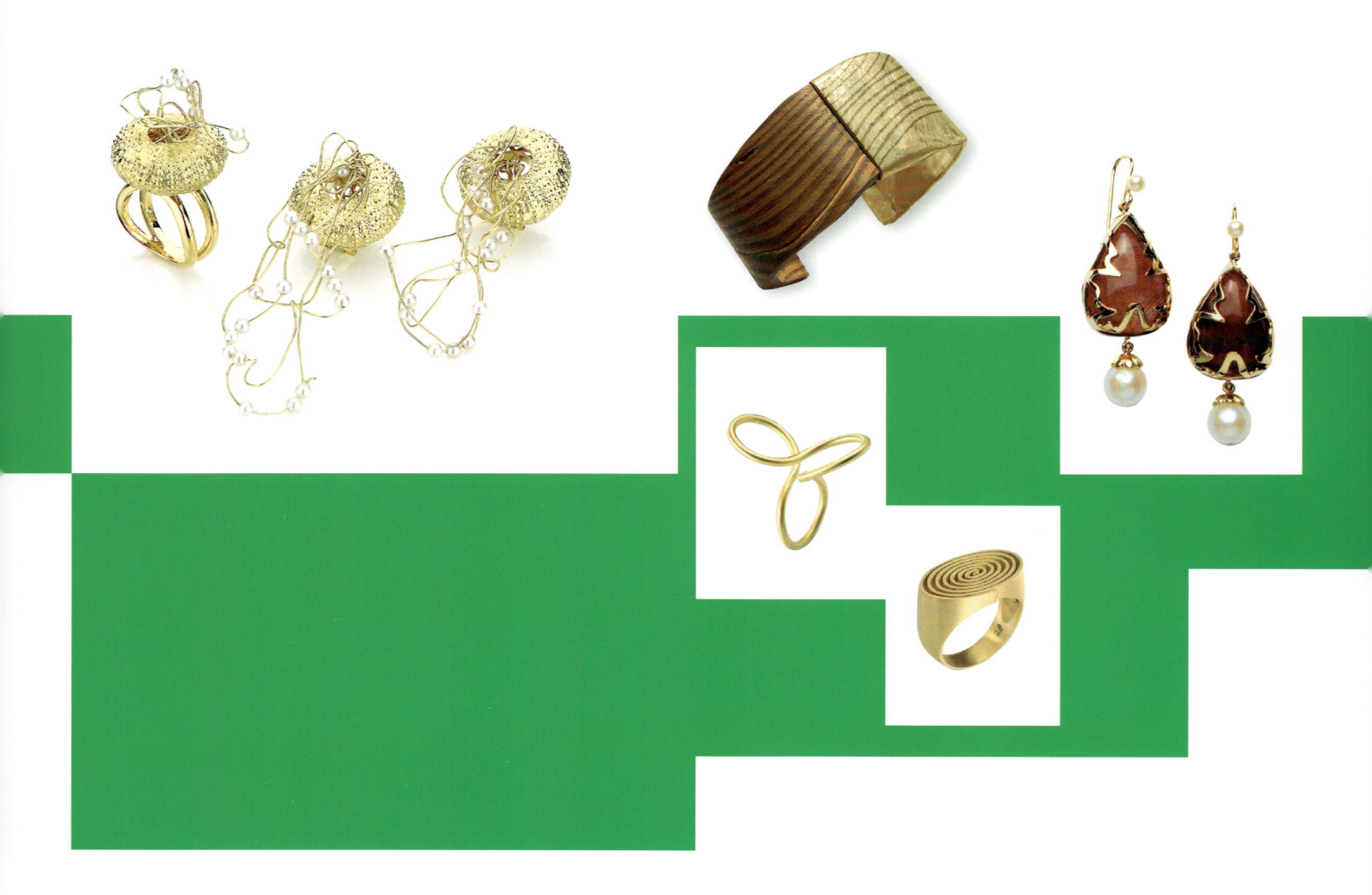

O design é um elemento fundamental para agregar valor e criar identidade visual para a joia brasileira, particularmente porque o Brasil fez uma opção estratégica de entrar no mercado externo em um segmento no qual a competição maior é pela qualidade e criatividade e não por preço. A identidade do design brasileiro, a partir dos principais elementos culturais e de identificação do Brasil, como alegria, cor, sensualidade e diversidade, passou a ser buscada e debatida em seminários e workshops.

Da mesma forma, passou-se a pesquisar, sistematicamente, as principais tendências internacionais de comportamento e moda, que são consubstanciadas anualmente no Caderno de Tendências de Joias, amplamente difundido entre os designers, os industriais e as escolas, até mesmo por meio de workshops nos principais Estados produtores.

Na página anterior, conjunto Ouriço Flagelado, de brincos e anel, em ouro e pérolas akoia (à esquerda), de **Maria José Cavalcanti**. *Pulseira em ouro e madeira, de* **Liliane Lima** *(no alto, à direita). Brincos de cristal rutilado, ouro e pérolas, de* **Marco Duailibi**. *Anéis Ciclos e Expand, em ouro, de* **Antonio Bernardo**.

Gradativamente, foi-se desenvolvendo um estilo brasileiro no design de joias, incorporando, com muita criatividade, os principais atributos do país, considerando também as tendências internacionais de moda e comportamento. Um aspecto vantajoso é que o Brasil, por possuir enorme biodiversidade e grande variedade de gemas coradas, oferece aos designers a possibilidade de abusar de sua criatividade na combinação de formas e cores, dentro de um estilo brasileiro que cunhou o slogan: "International Trend – Brazilian Style".

Assim, o design brasileiro vem conquistando com muito brilho e criatividade um lugar de destaque no mercado internacional, tendo obtido diversos prêmios nos principais concursos internacionais de design de joias ocorridos nos últimos anos, como o American Facet Award, o World Facet Award, o Inventiveness Award, o Diamond International Awards, o Gold Virtuose e o International Pearl Design Contest. Com todo esse sucesso, as joias do Brasil viraram tema de reportagens em importantes revistas internacionais especializadas, com destaque para o estilo brasileiro que incorpora cor, movimento, forma e alegria, como algo novo que vem acontecendo no mundo joalheiro.

Para aproveitar esse momento favorável, o Brasil não tem medido esforços para criar um padrão de excelência em seus produtos, investindo em qualidade e produtividade. Os resultados não podiam ser melhores. Com moderna tecnologia de fabricação e um arrojado design, as joias brasileiras estão fazendo imenso sucesso tanto aqui no país quanto no exterior. Não poderíamos deixar de creditar muito desse sucesso ao artesão-designer, que tem sabido traduzir com maestria o estilo brasileiro.

LIBERDADE DE CRIAÇÃO
VERA MASI

VERA MASI
é arquiteta e designer, organizadora da Bijoias, evento profissional do setor de bijuterias e acessórios no Brasil.

Já vai longe o tempo em que bijuteria era sinônimo de cópia barata de joias. Ou, no máximo, de colares e brincos artesanais comercializados em feiras hippies. Desde o início da década de 1990, nossas bijuterias vêm ganhando espaço e conquistando a preferência das brasileiras. Com cores, formas e materiais variados, passaram a acompanhar as principais tendências da moda, tornando-se, elas mesmas, objetos de moda – e do desejo das consumidoras.

Falar em bijuteria é falar em liberdade de criação. Os custos relativamente baixos de produção – especialmente se comparados aos das joias e até mesmo aos da confecção – e a possibilidade de reinventar constantemente o que já foi feito são fatores que permitiram à bijuteria ter destaque num tempo de globalização, com informações transmitidas de modo cada vez mais rápido. Uma época em que tudo se torna muito volátil: especialmente as tendências da moda. Mas, ao mesmo tempo que coleções se sucedem numa velocidade espantosa, as pessoas não conseguem mais renovar seus guarda-roupas a cada nova estação. Afinal, com a bijuteria certa, o mesmo pretinho básico que foi usado no trabalho, durante o dia, pode ser a roupa ideal para um compromisso mais sofisticado à noite. A esse fator, soma-se também a crescente e generalizada perda do poder aquisitivo da população – e a consequente retração do mercado de joias – e a abertura do mercado brasileiro, ainda durante o governo Collor.

UM OLHAR SOBRE O DESIGN BRASILEIRO INDUMENTÁRIA VERA MASI

Conjunto de pulseiras e colares de **Evelyn Domingues Tavares de Sá**, *da Evelyn Safh, Recife, PE.*

Mais um ponto a favor das bijuterias: com um investimento infinitamente menor, é possível transformar totalmente seu guarda-roupa, criando um estilo próprio e diferente a cada momento.

Estilo pessoal. Esse é o conceito-chave na moda de hoje. E isso vale para roupas, sapatos, bolsas e, é claro, para bijuterias e acessórios. E é por isso que a figura do design é fundamental. Senão, caímos naquele erro fatal de simplesmente "copiar o que vende", e tudo se torna igual, sem criatividade, sem uma característica própria. Se o produtor de bijuterias simplesmente copia o que o outro fez, ele está sempre atrás, é incapaz de surpreender, de se destacar, de lançar moda.

Por isso, o design de bijuteria é aquele profissional antenado com as tendências atuais da moda: vê tudo o que se faz em várias partes do mundo, mas na hora de desenhar sua coleção, imprime uma marca pessoal. Ele parte de sua experiência pessoal, de sua vivência e de seu mundo para dar uma sensação de conjunto a uma somatória de peças que exalam a personalidade de seu criador.

É possível, então, falar em um design brasileiro de bijuterias? É o caminho que nossos criadores estão trilhando, com cada vez mais êxito e reconhecimento não só interno, mas também internacional.

Pulseiras, de **Renata de Barbosa Fontan**, *Caleidoscópio, Maceió, AL.*

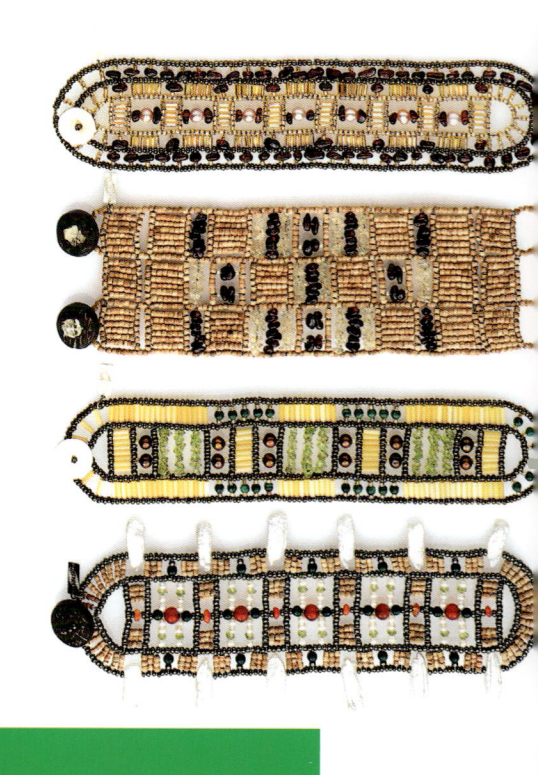

Colar de miçangas, de inspiração indígena; colar e broche de **Nana Cabral**.

120

UM OLHAR SOBRE O DESIGN BRASILEIRO **INDUMENTÁRIA** VERA MASI

Colar, de
Andréa Mader,
Caxias do Sul, RS.

*Conjunto de
bolsa e pulseira, de*
Norma Miller, *Tulipa Bijoux,
Goiânia, Go.*

Colares, de
Raquel Salgado Carneiro, *da
Rasa, Juiz de Fora, MG.*

Colares,
de **Aparecida de Oliveira**
e **Helena de Oliveira**,
da Runas, São Paulo, SP.

*Gargantilha
em formato de peitilho,*
de **Raphaela Aguiar**
e **Carolina Aguiar**,
da Annarrá, Araxá, MG.

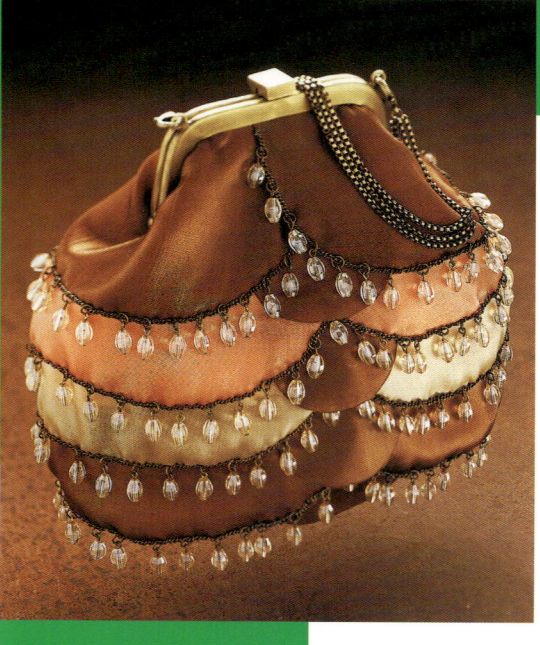

Bolsa,
de **Camila Klein**,
São Paulo, SP.

Criatividade e talento. Diversidade de estilos e de materiais. Esta é a tônica das bijuterias e dos acessórios com a marca Brasil, que vêm conquistando, com muita garra e reconhecimento, o mercado globalizado de moda. As bijuterias brasileiras ganham lugar nas vitrines das principais capitais do mundo e o reconhecimento dos estilistas e designers de moda. Nossas bijuterias são um retrato da diversidade cultural brasileira, com forte influência indígena e negra, de nossa exuberante natureza e de nossas festas populares. Todas as imagens foram cedidas pela Masi & Associados, empresa que promove a BIJOIAS.

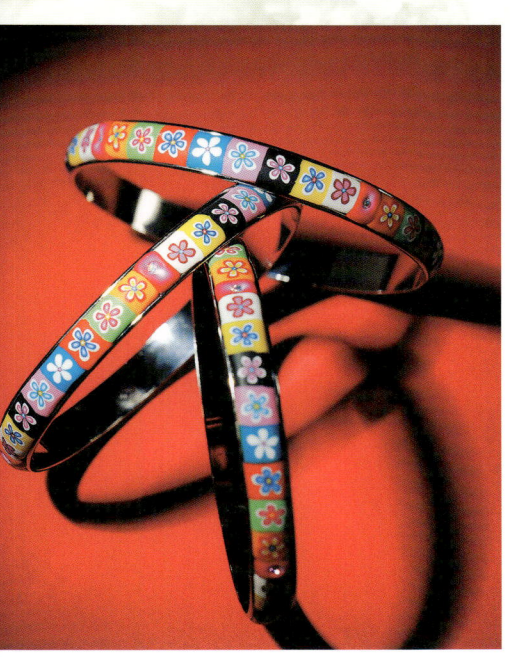

Pingente e colar, de **Sandra Wajsros**, *Santa Vaidade, Rio de Janeiro, RJ.*

Pulseiras, de **Danilo Felix Lourenço**, *Art Bijoux, São Paulo, SP.*

ESPAÇO VITAL

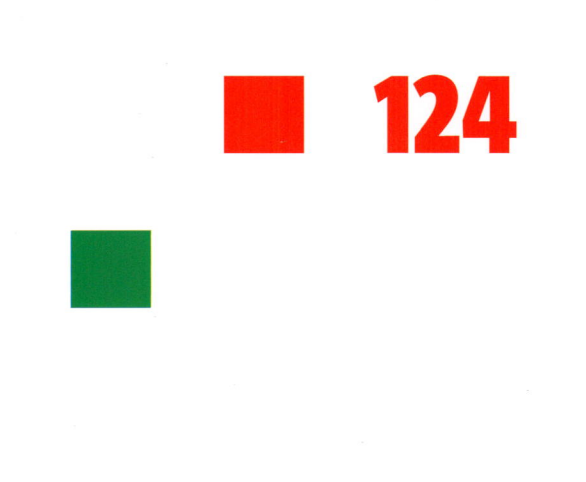

124

Panela de ferro, objeto tradicional da cozinha brasileira.

COZINHA TEM HISTÓRIA
EDUARDO GRANJA RUSSO

EDUARDO GRANJA RUSSO
é filósofo, sommelier e gastrônomo, fundador da Confraria dos Sommeliers, especializado em marketing e em comunicação.

A cozinha no Brasil foi concebida primeiramente fora das casas, no fundo do quintal. Era espaço de empregados e escravos, encarregados de produzir e manipular os alimentos, à beira da fumaça da lenha. Com o tempo, passou a fazer parte do corpo das casas, ocupando o lugar dos fundos, junto à área de serviço – primeiro o fogão a lenha, depois, a gás.

Hoje, com design dos mais variados e com toda a sorte de instrumentos, a cozinha começa a fazer parte da sala de estar, entrando na vida social e terapêutica do homem moderno.

Com a contribuição de diversas culturas que aqui chegaram surgiram histórias lindíssimas e uma riqueza de sabores dificilmente encontrada no mundo. O indígena, o português, o africano, o italiano, o árabe, o japonês, o alemão, o judeu, e tantos outros, deixaram sua marca e colaboraram para essa riqueza de temperos, sabores, receitas e histórias.

A cozinha é o principal e mais forte vínculo cultural e emocional que cada um de nós tem com suas famílias. Sua história continua sendo escrita, modificada, enriquecida. Tudo está sempre em transformação.

A colher de pau pode ser vista como um elo e um fio condutor da evolução dos processos e do design na cozinha.

UM OLHAR SOBRE O DESIGN BRASILEIRO ESPAÇO VITAL EDUARDO GRANJA RUSSO

Hoje temos bolos que vêm prontos para ir ao forno, quando, antes, nossas avós tinham de bater e bater com a colher de pau; maioneses de diversos sabores são encontradas nas prateleiras dos supermercados, algo que antes também dava um trabalhão danado e ainda desandava; batatas e cenouras já estão à nossa disposição descascadas e cozidas; contamos com massas instantâneas e tantos outros produtos que mostram a evolução incrível da cozinha e de seu design – que saiu do fogão a lenha para os moderníssimos fogões de hoje, que trocou pilões por batedeiras e mixers diversos, além de embalagens que já foram de lata, vidro, papelão e plástico. Mas a colher de pau se mantém impassível, imutável e permanente, como um instrumento definitivo na história de nossas cozinhas.

Fogão a lenha rústico, em alvenaria ou estuque, tambor para leite e vassoura de palha; colher de pau.

BELEZA E FUNCIONALIDADE NAS COZINHAS BRASILEIRAS

MÁRCIA R. BALESTRO

> **MÁRCIA R. BALESTRO** é arquiteta formada pela Unisinos com especialização em Marketing pela Fundação Getúlio Vargas. É responsável pela área de Desenvolvimento de Produtos da Todeschini S.A.

Falar em design de cozinhas é trabalhar com os conceitos de funcionalidade, ergonomia e versatilidade – além, é claro, de beleza. Tudo isso com o propósito de tornar a tarefa de cozinhar cada vez mais confortável e agradável. Afinal, apesar de a cozinha estar se tornando novamente o ponto de encontro das famílias, a vida moderna exige praticidade e eficiência.

E é neste contexto que entram os sistemas modulares: são adaptáveis a qualquer tipo de espaço e permitem a criação de ambientes variados, de acordo com as necessidades e os desejos de cada pessoa. São as tão famosas cozinhas planejadas.

A ideia de móveis de cozinha modulares se espalhou de tal maneira que já se tornou presença fundamental no mercado moveleiro mundial. Os materiais mais utilizados são as madeiras processadas como aglomerado e MDF (fibras de média densidade), combinados com alumínio, acrílico, vidro, e outros que estão surgindo, que atendem às exigências estéticas e funcionais. Então o que diferencia uma linha ou uma marca da outra?

UM OLHAR SOBRE O DESIGN BRASILEIRO ESPAÇO VITAL MÁRCIA R. BALESTRO

Azeiteira em folha de flandres, de designer anônimo.

129

A diferença fundamental está nos projetos, na combinação de padrões e na escolha de acessórios, daí a importância de profissionais como arquitetos, designers e decoradores. Gavetões, porta-panela, porta-tampa, prateleiras móveis: tudo para facilitar a vida do usuário e deixar os utensílios à mão, fáceis de serem localizados e, depois, guardados. Além, é claro, da qualidade de dobradiças, corrediças, sistemas para portas de correr. Portas que se abrem de diversas formas: para cima, para o lado, como sanfona. Tudo para aproveitar bem o espaço e tornar a cozinha um lugar acolhedor.

As áreas das casas destinadas à cozinha estão cada vez menores. O espaço que o construtor tira o designer de móveis precisa devolver. Mesmo assim, os atuais projetos de cozinhas dificilmente levam armários até o teto. A acessibilidade e a ergonomia são levadas em conta pelos profissionais, mesmo que o consumidor ainda não tenha essa preocupação: para ele, o belo ainda prevalece. No quesito cores, o branco é o preferido. Talvez pela sensação de limpeza que a cor transmite. Mas a moda também já chegou à cozinha, e cores fortes como laranja, amarela, verde e preta estão fazendo sucesso. Mas quase sempre combinadas com a branca.

A possibilidade de projetar espaços unindo módulos já pré-concebidos com os mais variados padrões e acessórios está proporcionando uma aproximação cada vez maior entre o design e todas as classes sociais, democratizando e desmistificando o design como exclusivo das classes mais privilegiadas.

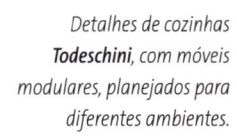

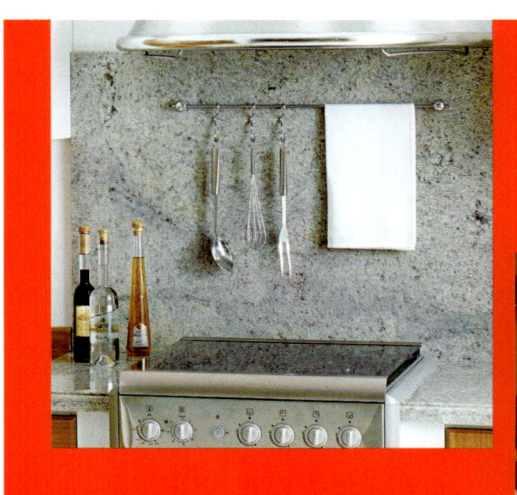

*Detalhes de cozinhas **Todeschini**, com móveis modulares, planejados para diferentes ambientes.*

UM OLHAR SOBRE O DESIGN BRASILEIRO ESPAÇO VITAL MÁRCIA R. BALESTRO

DE ACORDEÕES A COZINHAS:
COISA DE DESIGNERS

1939. No alto da serra gaúcha nascia uma fábrica de acordeões. Seu nome? Todeschini. Nos anos que se seguiram, os acordeões Todeschini se tornaram sinônimo de qualidade, os preferidos pela maioria dos artistas dos grupos regionais de música latino-americana. No final da década de 1960, essa situação começou a mudar. Já não se tocava tanto acordeão, o mercado entrou em retração e a Todeschini, em crise. Se não era mais possível produzir acordeões, o que fazer com todo o maquinário, com os funcionários, com toda a empresa?

A empresa fez vários estudos de viabilidade. Um deles, foi dirigido pelos designers gaúchos José Carlos Bornancini e Nelson Ivan Petzold, que avaliaram os equipamentos instalados, sugerindo seu melhor aproveitamento e como adaptá-los com menos custos de produção.

E, paralelamente aos acordeões, a companhia iniciou a fabricação de móveis. Logo depois, percebendo a tendência emergente de otimização dos espaços residenciais, direcionou sua produção para o setor moveleiro. No início da década de 1970, lançou a primeira linha de cozinhas componíveis do Brasil, projeto de Bornancini e Petzold – uma verdadeira revolução no setor, que entrava, assim, na "era dos módulos".

Atualmente, a Todeschini é uma das mais modernas fábricas do mundo no setor moveleiro, com uma variada linha de móveis planejados para todos os ambientes da casa.

*Cozinhas planejadas **Todeschini**: detalhes de acabamento.*

UM OLHAR SOBRE O DESIGN BRASILEIRO **ESPAÇO VITAL** MÁRCIA R. BALESTRO

Linha Elis.

Linha Pilar.

134

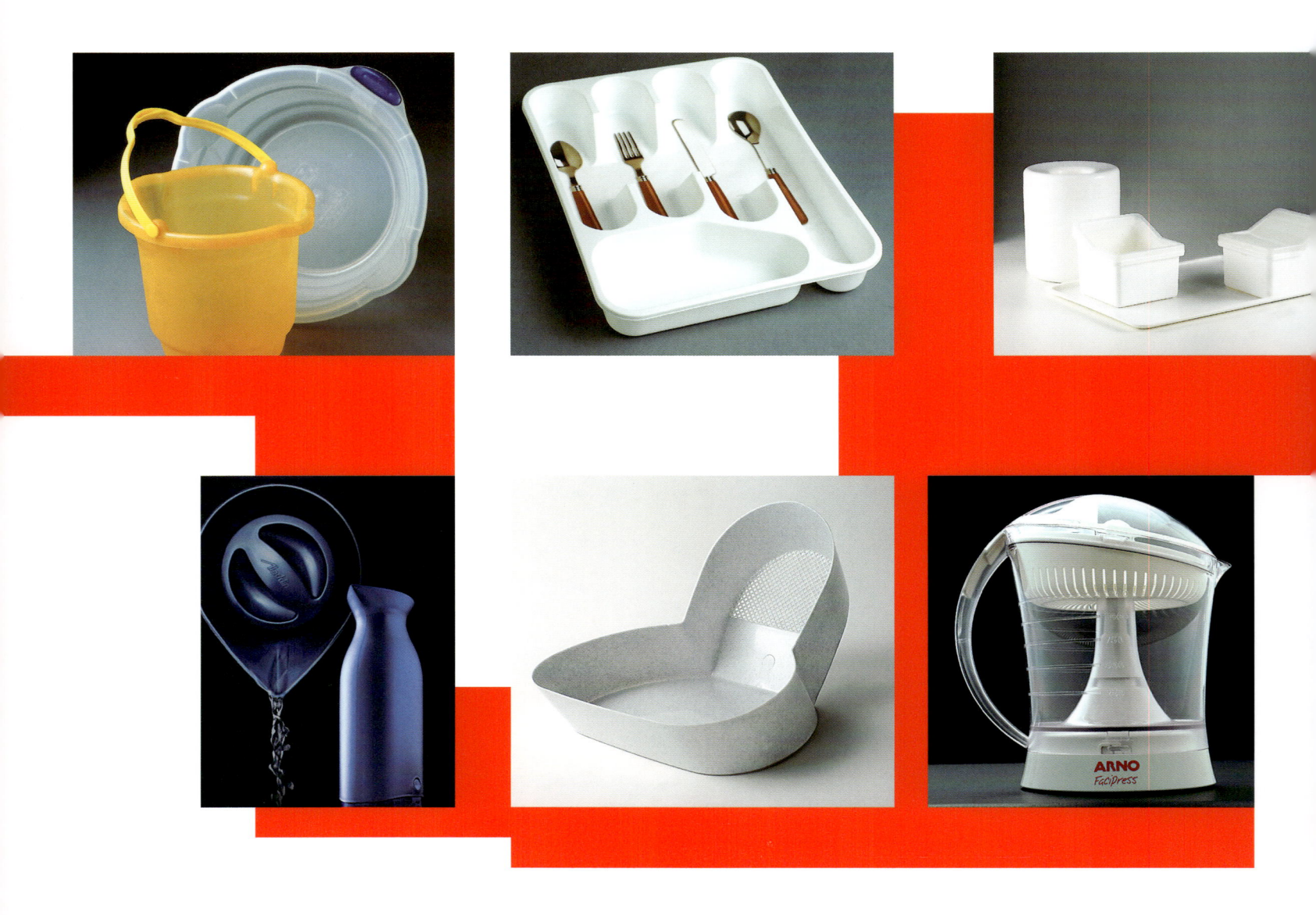

UM OLHAR SOBRE O DESIGN BRASILEIRO **ESPAÇO VITAL** MÁRCIA R. BALESTRO

Objetos de cozinha (de cima para baixo, da esquerda para a direita): balde e bacia de plástico Hydrus, Tok&Stok; porta-talheres Split, objetos para pia de cozinha, de **Alessandro Ventura**; *porta-ovos, feito em arame, projeto de* **Nelson Nascimento-Sutaco**; *conjunto de tigelas Línea, design de* **Alessandro Ventura**, *comercializado pela Tok&Stok; tesoura de múltiplas utilidades Mundial, projeto de* **Bornancini, Petzold e Muller**; *garrafa térmica, projeto de* **Índio da Costa Design**; *Lavarroz, utensílio popular na cozinha brasileira, de* **Beatriz de Andrade**, *industrializada originalmente pela Trol; processador Arno, projeto de* **Índio da Costa Design**.

A LINHA **BRANCA BRASILEIRA**
NEWTON GAMA

NEWTON GAMA é
*designer e gerente-geral de
Design da Multibrás.*

Fazer design de linha branca é, antes de tudo, pensar nas características do consumidor, considerando suas preferências estéticas e a maneira como ele vai usar sua geladeira, seu fogão ou sua lavadora. Afinal, estamos falando de produtos que estão diretamente envolvidos com o ato de preparar os alimentos, de armazená-los, ou em como as pessoas cuidam da própria roupa.

Nas últimas décadas, nosso mercado vem investindo muito em pesquisas e no desenvolvimento de produtos específicos para o brasileiro: por mais que o mundo esteja globalizado, as pessoas ainda têm hábitos influenciados pelas culturas locais. Por isso, é totalmente diferente desenhar para o mercado europeu, para o norte-americano ou para o brasileiro. Até mesmo nossos vizinhos mais próximos, como Chile e Argentina, têm peculiaridades que não encontramos por aqui. O consumidor brasileiro tem uma nítida preferência, por exemplo, pelo fogão com tampo de vidro temperado e mesa de inox. Nos fogões mais baratos, é comum que este seja o item mais caro. Mas se tirar o tampo para baratear o produto, o resultado é o encalhe nas lojas.

UM OLHAR SOBRE O DESIGN BRASILEIRO ESPAÇO VITAL NEWTON GAMA

Fogão Luna, projeto de **Índio da Costa Design**, *fabricado pela* **Dako**.

O mesmo vale para a mesa de inox: na Europa, os melhores fogões têm mesa esmaltada, com chapa recoberta por ágata, e nossos fogões também eram assim até a década de 1970. O inox, ao chegar, conquistou a preferência dos consumidores.

No início da década de 1990, com a abertura do mercado brasileiro para produtos importados, era comum ver geladeiras vindas diretamente da Coreia, o que levou algumas empresas a fechar suas fábricas por aqui, pois era mais barato importar. Eram geladeiras bem feitas, com ótimo acabamento e marcas internacionalmente reconhecidas, mas não tiveram boa saída. Por quê? Porque os compartimentos eram pensados para armazenar produtos alimentícios da cozinha coreana, com peças bem menores. Além disso, para a dona de casa brasileira é impensável comprar uma geladeira que não tenha porta-ovos.

Na Argentina e no México, o design dos produtos é mais rebuscado, as peças têm uma cara mais tradicional, são mais pesadas. No Brasil, não. Não chegamos ao extremo do clean, como em alguns países europeus, mas encontramos um meio-termo que é tipicamente nosso e que, em feiras internacionais, diferencia nossos produtos dos demais.

Hoje, podemos dizer que o design brasileiro de linha branca tem uma linguagem muito própria, que atende aos requisitos do nosso consumidor. E que também leva em consideração outro aspecto muito importante: a relação afetiva que os brasileiros – especialmente as donas de casa – desenvolvem com seus eletrodomésticos. Uma norte-americana dificilmente sabe a marca de sua lavadora. Já no Brasil, existe um relacionamento quase passional, percebido na toalhinha de crochê em cima do fogão ou no apelido carinhoso dado à lavadora de roupas. Para os segmentos de mais baixa renda, o eletrodoméstico em casa é mais do que um simples objeto: é o sonho realizado de uma vida melhor.

UM OLHAR SOBRE O DESIGN BRASILEIRO ESPAÇO VITAL NEWTON GAMA

*Fogão e micro-ondas **Brastemp** da linha **Luminatas**; e refrigerador **Brastemp BRX48D**, com dispenser externo de água gelada, ambos projetos de **Newton Gama**, para a Multibrás.*

ESTAR COM DESIGN
CONFORTO E BELEZA
SÃO FUNDAMENTAIS
ZECO BERALDIN

140

*Tampo de mesa em mosaico, de **Claude Friedli**.*

ZECO BERALDIN é
empresário, designer de móveis e de interiores, diretor do Empório Beraldin.

Decorar um ambiente de maneira harmônica, criar uma sala ou um quarto agradável e funcional unindo peças, tecidos e revestimentos é design. É desenhar um espaço que deve ser único, acolhedor e ter o estilo de quem nele vai habitar. É uma tarefa tão complexa quanto a de projetar uma cadeira, por exemplo. Tanto que, hoje em dia, a profissão do decorador é também conhecida como designer de interiores. Os designers de interiores brasileiros – muitos deles arquitetos de formação – são muito criativos e têm seu talento reconhecido internacionalmente.

O interesse do mundo pelo modo de decorar dos profissionais brasileiros já vem acontecendo há algum tempo. Da mesma maneira que a moda, o design de interiores nacional é visto como requintado e "diferente". Ainda somos "exóticos" para europeus e norte-americanos, mas nossas peças são mais bem produzidas e mais bem acabadas do que, por exemplo, as da China, da Índia ou das Filipinas – que por muito tempo estiveram no auge da decoração "exótica". Os destaques ficam com nossos tecidos, tapetes e peças de fibras naturais.

Falar em design de interiores é falar em beleza. Mas é também falar em conforto e em uso adequado. É falar em qualidade de vida. Uma peça bonita mas pouco confortável pode ser ideal para ser colocada no living, jamais em uma sala de TV. O mesmo vale para um sofá de encosto baixo, por exemplo. Então, é função do bom decorador saber enxergar essas coisas e levá-las em consideração no momento de criar um projeto. O mesmo vale para a criação de um quarto.

O design está presente na escolha dos móveis, na definição do revestimento das paredes, nos objetos que vão compor o ambiente. Aí entram muito bem paredes revestidas com tecido, para criar um clima mais aconchegante, tapetes de fibra natural, que sejam agradáveis ao toque.

Vale destacar também a atual preocupação que o designer de interiores tem com a ecologia, com o uso de materiais de reaproveitamento e de peças feitas à mão ou por comunidades carentes. À necessidade de criar o belo e o confortável une-se a vontade de contribuir para a geração de trabalho e renda, para o desenvolvimento de regiões economicamente desfavorecidas. Daí o uso de materiais ecologicamente corretos, como revestimentos feitos de pastilhas de coco, de chifre ou de osso de boi.

Cama Sutra, multilaminado moldado, de **Jacqueline Terpins**, *produzido pela Teperman.*

Ambiente planejado para home theater com móveis modulares da Linha Verena, Móveis Todeschini.

Biombo de **Joaquim Tenreiro**.

Conjunto de sofá e poltrona, de **Joaquim Tenreiro**.

Mesa de centro Origami, da **AC Design**.

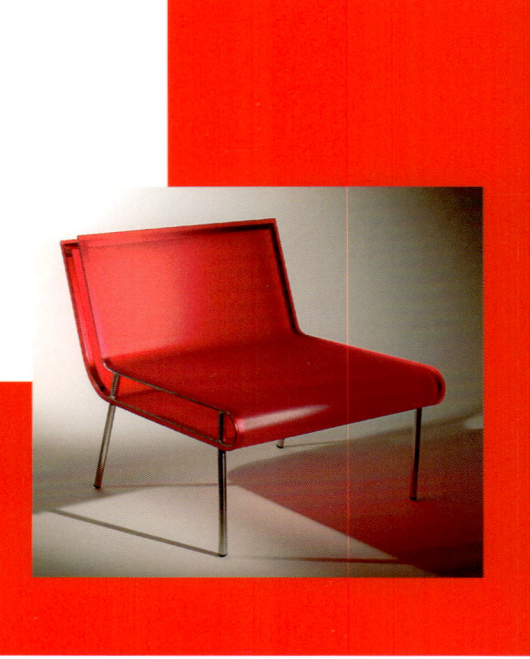

Sofá Ninho, de **Marcus Ferreira**,
Decameron Design,
Prêmio Museu da Casa Brasileira 2001
(de cima para baixo, da esquerda para a direita);
poltronas OZ, de **Cláudio Rampazzo**,
Caracol, de **Fernanda Brunoro**,
e Curva, de **Fernando** e **Humberto Campana**,
produzidas pelo Estúdio Arredamento.

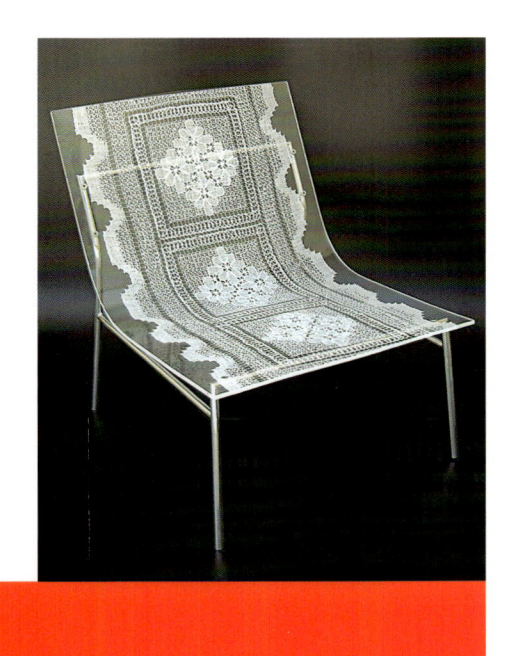

Essa preocupação social é uma tendência mundial que chegou de vez ao Brasil. Tecidos produzidos com fibras diferenciadas, como a bananeira, misturadas a fibras já conhecidas, como sisal, rami, seda ou fio de couro, são feitos por comunidades carentes para revestir paredes, almofadas, fazer tapetes. Também é importante destacar o uso do couro, não apenas para revestir móveis, mas também na fabricação de tapetes, ou até mesmo no desenvolvimento de pisos. Já foi o tempo em que o designer de interior devia pensar apenas no bem-estar de seu cliente. Agora ele pensa, também, na qualidade de vida daqueles que estão desenvolvendo os produtos que serão por ele utilizados.

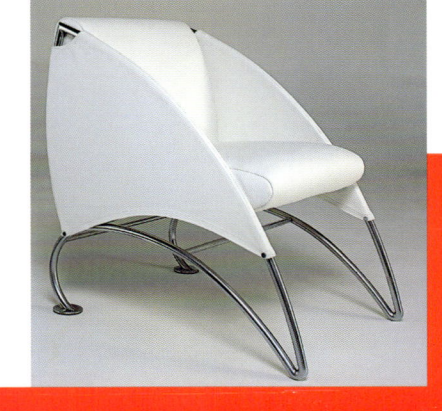

*De cima para baixo, da esquerda para a direita; cadeira Rendeira, de **Flávia Pagotti Silva**; poltrona de **Fabíola Bérgamo** e **Lars Diederichsen**, produzida pela Remantec; e poltrona de Fibra, de **Fabíola Bérgamo**.*

Revisteiro U, de **Carolina Pereira Gay** (acima).
De cima para baixo, da esquerda para a direita:
cadeira e poltrona Curinga, de **Flávia Pagotti da Silva**,
Prêmio Museu da Casa Brasileira em 2001;
cadeira Curva, de **Fernando e Humberto Campana**,
produzida pelo Estúdio Arredamento;
poltronas de **Vincenzo Colonna**;
cadeira desmontável **Iracema**, de **Luciano Deviá**,
Prêmio MovelSul, 2000;
cadeira Spaghetti, de **Fernando Jeager**; e
banquinho Bate-Papo, de **Flávia Pagotti da Silva**.

UM OLHAR SOBRE O DESIGN BRASILEIRO **ESPAÇO VITAL** ZECO BERALDIN

*Cadeiras de **Joaquim Tenreiro** (no alto); cadeiras de **Suzana Padovano** (no centro, da esquerda para a direita); de **Vincenzo Collona** e de **Fabíola Bérgamo**; marquesa Sutra, de **Jacqueline Terpins**, produzido por Móveis Teperman (ao lado, à esquerda); e cadeira Slalow, de **Guinter Parschalk**, produzida pelo Estúdio Arredamento.*

Aparador Sutra e Mesa de Jantar Sutra, de **Jacqueline Terpins**, *produzido por Móveis Teperman.*

Mesa de jantar, de **Vicenzo Collona**.

Mesa de jantar, de **Joaquim Terneiro**.

Mesa de Jantar Comensalis, protótipo de **Cândido Azeredo**.

Conjunto de mesas Looping, de **Luciana Martins** *e* **Gerson de Oliveira**.

148

UM OLHAR SOBRE O DESIGN BRASILEIRO ESPAÇO VITAL ZECO BERALDIN

Da esquerda para a direita, de cima para baixo:
Saladeira de vidro, de **Mario Seguso***;*
Pratos de vidro Acqua, de **Ivo Pons***, Prêmio de EcoDesign Fiesp 2002.*
Fruteira Bateia, de **Regina Medeiros***.*
Prato Acqua, de **Ivo Pons***.*
Fruteira de madeira Picto, de **Luciano Deviá***.*
Vasos de vidro, de **Mário Seguso***.*
Vaso String, de **Elizabeth Prado***.*

PRATICIDADE PARA QUEM TRABALHA
ENTREVISTA COM **OSWALDO MELLONE**

O desenho de móveis para escritórios passou por muitas mudanças nos últimos tempos. Primeiro, foi o advento da microinformática. Depois, as grandes transformações do mercado de trabalho marcadas pela expansão do trabalho autônomo e da prestação de serviços. Subitamente, os espaços de trabalho deixaram de estar apenas nas empresas, para invadir as casas das pessoas.

Resultado? Maior variedade de espaços e de usos que deve ser atendida pela indústria e pelos produtos desenvolvidos. "Esse é o papel do design", comenta o designer Oswaldo Mellone. "Não apenas deixar as peças mais atraentes, mas também agregar facilidade de uso. Empregar matérias-primas com inteligência, tirando partido do sistema de produção e equacionando a relação custo-benefício para o consumidor final." Em casa ou na empresa, o que deve definir os móveis e acessórios é a oferta de espaço e as relações entre as pessoas. Daí a grande variedade de divisórias e biombos, que permitem tanto a criação de espaços mais individuais e privados, quanto espaços mais coletivos, mais propícios às trocas de ideias e criações conjuntas.

UM OLHAR SOBRE O DESIGN BRASILEIRO ESPAÇO VITAL OSWALDO MELLONE

Estação de trabalho Securit, de **Oswaldo Mellone**.

Em um escritório, o bom designer deve criar espaços que reflitam as atividades da empresa. A disposição dos móveis deve estar integrada à rotina e ao fluxo do trabalho, tornando-se parte do processo de produção. A estética deve seguir a funcionalidade.

"Já em casa, a história é um pouco diferente: a pessoa precisa, antes de tudo, de conforto", lembra Mellone. Por isso, a preocupação dos designers de desenvolver um mobiliário que seja flexível e ergonômico, com várias possibilidades de ajustes e de adaptação às pessoas de distintos portes físicos.

Linhas leves e limpas, com estética bem resolvida; superfícies de trabalho em versões giratórias, que garantam mais mobilidade; mais possibilidades de regulagem, especialmente de cadeiras e suportes para monitores e teclados; rodízios que permitam rápidas reconfigurações do espaço – a palavra de ordem é flexibilidade para poder acompanhar o ritmo vertiginoso de mudança nas relações de trabalho.

Poltrona Clipper, de **Oswaldo Mellone**, *Prêmio International Design Selection 1992, Nova York, Estados Unidos.*

UM OLHAR SOBRE O DESIGN BRASILEIRO **ESPAÇO VITAL** OSWALDO MELLONE

Estação de trabalho de
Fabíola Bérgamo *e*
Lars Diederichsen,
produzida pela Remantec.

Estação de trabalho,
produzida por
Móveis Teperman.

*Mesa Dumont, assinada pelos designers **Ronaldo Duschenes** e **Dari Beck**, do Estúdio Flexiv de Design, do Paraná. Prêmio Ouro no IDEA/Brasil 2011.*

UM OLHAR SOBRE O DESIGN BRASILEIRO ESPAÇO VITAL OSWALDO MELLONE

*Mesa Fellow,
design de*
Oswaldo Mellone.

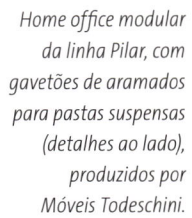

*Home office modular
da linha Pilar, com
gavetões de aramados
para pastas suspensas
(detalhes ao lado),
produzidos por
Móveis Todeschini.*

CLÁSSICOS & PIONEIROS
MOBÍLIA CONTEMPORÂNEA: DIVISOR DE ÁGUAS
MICHEL ARNOULT

MICHEL ARNOULT,
designer francês radicado no Brasil desde 1950, fundador da Mobília Contemporânea. Tem explorado as possibilidades de utilização de madeiras de reflorestamento e fibras naturais no mobiliário.

A Mobília Contemporânea surgiu em 1952, dois anos depois de eu chegar ao Brasil, atraído pela arquitetura de Oscar Niemeyer. Foi aqui que encontrei Norman Westwater, que veio a se tornar meu sócio, com quem partilhei a surpresa – e a oportunidade – de ver que uma arquitetura tão pujante não era acompanhada por uma também marcante indústria de móveis. Nos anos de 1950, não existiam produtos para ocupar os interiores dos novos e modernos apartamentos que surgiam. Os brasileiros não tinham opções. Modelos de revistas eram copiados para que marceneiros os executassem.

Para nós, isso era uma oportunidade e abraçamos a ideia de oferecer ao público algo que não havia na época: móveis de bom desenho a preços acessíveis a todos.

Desenhamos a nossa primeira linha e, cansados de respostas negativas dos fabricantes, mandamos fazer os móveis em Curitiba (PR), por um marceneiro. As perspectivas eram promissoras. Em pouco tempo, abrimos em São Paulo a nossa primeira loja e dois novos sócios entraram para o projeto: Abel de Barros Lima e Helena Mindlin.

UM OLHAR SOBRE O DESIGN BRASILEIRO **ESPAÇO VITAL** MICHEL ARNOULT

*Cadeira de balanço
estofada da linha Thor,
mesa lateral e banqueta.*

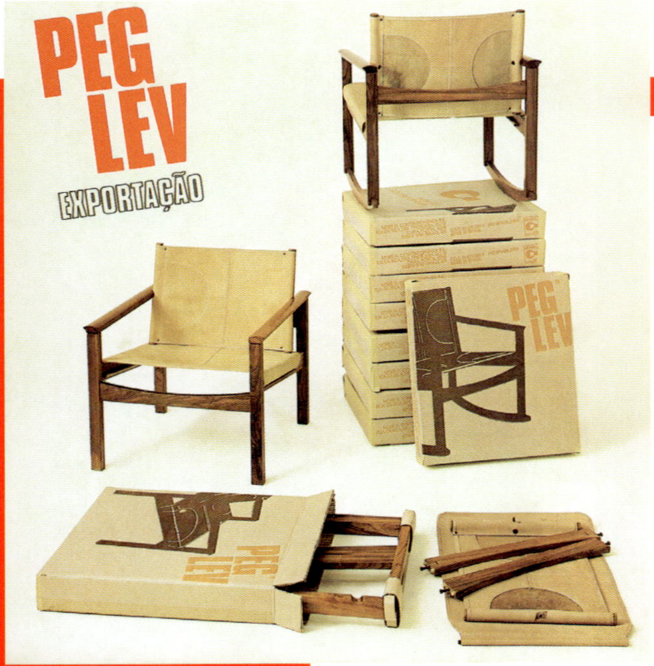

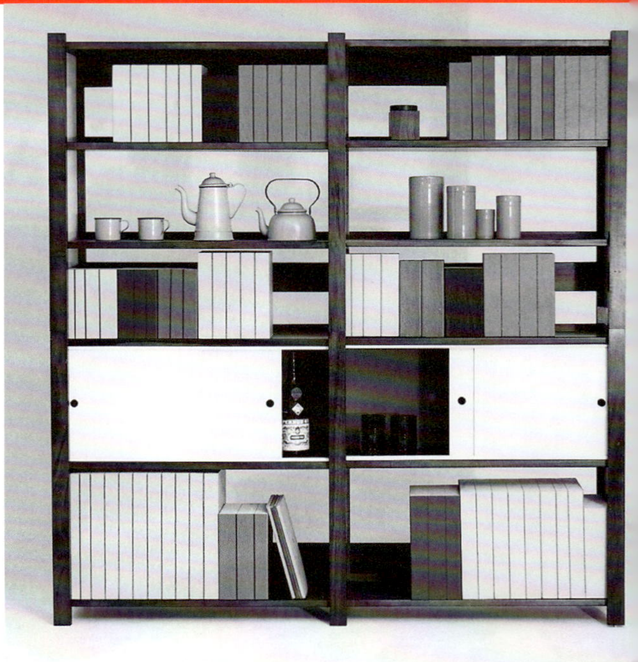

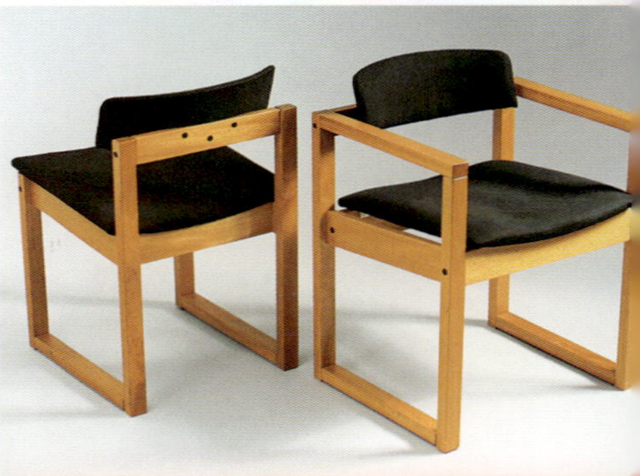

PEG
LEV

MOBÍLIA
CONTEMPORÂNEA
MADE
IN
BRASIL

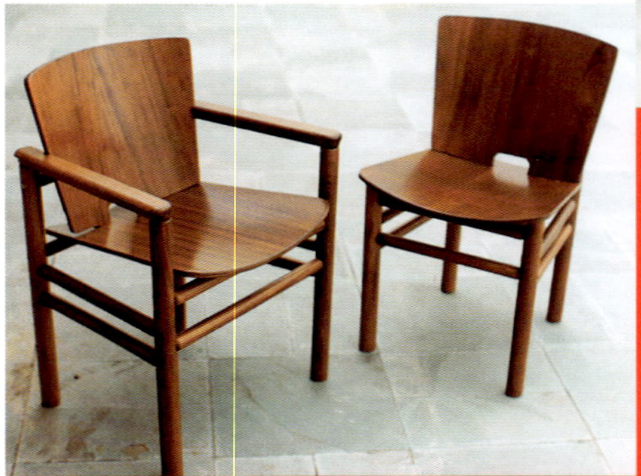

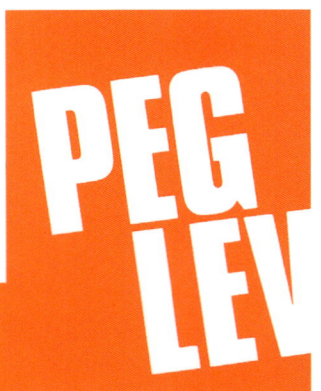

O sucesso foi surpreendente, abrindo espaço para o surgimento de várias empresas semelhantes.
Nosso estilo de móveis, o lifestyle, destinava-se às pessoas que gostavam de viver bem, mas sem ostentação. Os móveis eram simples, cômodos e apresentavam um bom desenho. Representavam, também, um modo prático de viver: os móveis eram vendidos desmontados, em caixas, e poderiam ser montados facilmente pelo cliente, economizando tempo e dinheiro. Como eram feitos em série, o preço era acessível.
A principal matéria-prima empregada era a imbuia maciça, ainda abundante nos anos de 1950. Nossos acentos chegaram a um conforto surpreendente graças à boa aplicação da ergonomia, sem necessidade de grossas camadas de espuma. É o que chamamos de "conforto duro", em oposição ao "conforto mole", e também caro. Para compensar a pouca espuma, usamos como molejo o monofio de náilon, muito mais econômico do que as clássicas percintas elásticas de borracha.

A nossa produção era intensa, lançávamos uma linha a cada três anos. Prospectávamos o mercado fazendo experiências de vendas em postos alternativos, como em uma parceria realizada com a Editora Abril, em que vendemos estantes de livros em bancas de jornal. De outra feita, vendemos móveis desmontados dentro de uma rede de supermercados, o Peg-Pag dos Jardins, em São Paulo. Foi um sucesso estrondoso.
Nesses anos todos, lançamos e acertamos sete ou oito mudanças de linha, o que nos deixa muito orgulhosos. Durante essas duas décadas, a Mobília Contemporânea cresceu com suas 11 lojas próprias, uma fábrica com 4.500 metros quadrados de área construída e uma produção teoricamente muito avançada. A crise econômica de 1973, no entanto, foi muito dura para a empresa, que fechou suas portas em 1974.
Antes de nosso trabalho, bons móveis com bom design já existiam, mas em quantidade tão pequena que não tinha importância socialmente. Simultaneamente a nós, surgiram outras firmas dirigidas por arquitetos, como a OCA e a Mobilínea, que se preocupavam com o desenho de seus móveis. Juntos, formamos nos anos de 1950, 1960 e 1970 a época dourada do design brasileiro, que, assim, chegava em um nível internacional.

Na página anterior, painel reunindo catálogo da linha Peg&Lev, da Mobília Contemporânea (à esquerda, no alto); etiquetas de móveis da linha (à esquerda, embaixo); estante Abril, comercializada em bancas de jornal pela Editora Abril (à direita, no alto), cadeiras da linha Thor (à direita, no centro), e da linha Ana (à direita, embaixo).

DESIGN PARA TODOS
GHISLAINE E RÉGIS DUBRULE

GHISLAINE E RÉGIS DUBRULE
*são, respectivamente, vice-presidente e presidente da **Tok&Stok**.*

Fundada em 1978 pelo casal francês Ghislaine e Régis Dubrule, com um conceito simples e claro que está incluso no nome da empresa, a Tok&Stok é um permanente exercício de equilíbrio entre emoção e razão, entre o Tok do bom design, da criação, da vanguarda, da exposição charmosa e da vida moderna, e do Stok da pronta-retirada, da fácil montagem, do preço justo, da praticidade, da apresentação didática das lojas.

Os 500 mil clientes que circulam mensalmente nas vastas lojas da Tok&Stok têm algumas características em comum: um bom nível cultural, sensibilidade estética e a mentalidade – são "jovens de todas as idades" que buscam soluções práticas e rápidas para sua casa ou seu escritório.

Eles precisam receber uma apresentação clara, uma informação e um atendimento que a Tok&Stok só consegue oferecer com um mix de tecnologia e de treinamento que torna prazeroso e eficiente o passeio pela loja, com o apoio discreto dos competentes e simpáticos vendedores, todos com formação superior.

UM OLHAR SOBRE O DESIGN BRASILEIRO ESPAÇO VITAL GHISLAINE E RÉGIS DUBRULE

Ambiente criado no interior de loja da **Tok&Stok**.

No decorrer desses 25 anos de vida, que começaram com um casal numa loja pequena, a dinâmica da criatividade e da inovação, conjugada à competitividade imposta pelo mercado, trouxe para dentro e em torno da Tok&Stok um formidável fluxo de talentos brasileiros e estrangeiros. Esse movimento gerado pela regra saudável, mas implacável, dos negócios projetou e confirmou jovens e novos profissionais movidos por um grande objetivo: democratizar o design, promover o design para todos.

Atrás da parte visível da Tok&Stok há uma central de criação, de distribuição e de apoio. Essa grande equipe preparada e entusiasta garante a força da empresa e permite, por exemplo, colocar uma média de sete produtos novos por dia nas prateleiras da rede – isso tudo articulado por um sofisticado sistema integrado de informática e de logística. Por sua vez, centenas de fábricas parceiras no processo da Tok&Stok contribuem para a realização dos milhares de objetos e móveis acompanhando a empresa nas suas investidas há tantos anos.

UM OLHAR SOBRE O DESIGN BRASILEIRO **ESPAÇO VITAL** GHISLAINE E RÉGIS DUBRULE

A coleção da Tok&Stok destaca-se pelos mais significativos nomes do design nacional e internacional, entre eles: Innovator, a linha do designer sueco Johan Huldt; Pelikan Design, dos designers dinamarqueses Lars e Niels Gammerlgaard; e outros famosos designers da atualidade, como o francês Phillipe Starck.

Alguns grandes clássicos dos produtos de design se casam harmoniosamente nos mais diversos ambientes propostos pela Tok&Stok: a chaise-longue, de Le Corbusier; a poltrona Wassily; a cadeira Cesca, de Marcel Breuer; ou a mesa telescópica de Eileen Gray.

O design brasileiro, por sua vez, tem uma expressão marcante no permanente processo de inovação da Tok&Stok, com criações de Michel Arnoult, Guilherme Bender, Claudio Mattos Fonseca, Marcelo Rosenbaum, Heloisa Crocco, e, mais recentemente, dos irmãos Campana, de Betina Lafer, de Ana e Dino Galli, de Bernardo Senna, de Pedro Useche, de Ricardo Umada, de André Cruz.

A simplicidade e a vanguarda dos inúmeros produtos funcionais da Tok&Stok são marcas registradas das criações do seu time de designers. Algumas delas, como a cama Rock e o carrinho Lucca, foram premiadas em concursos de design nacional.

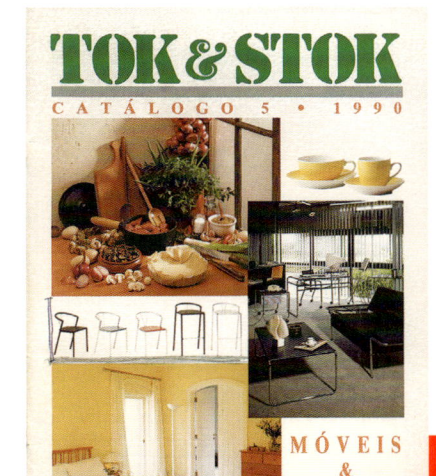

Catálogos de móveis e objetos **Tok&Stok**.

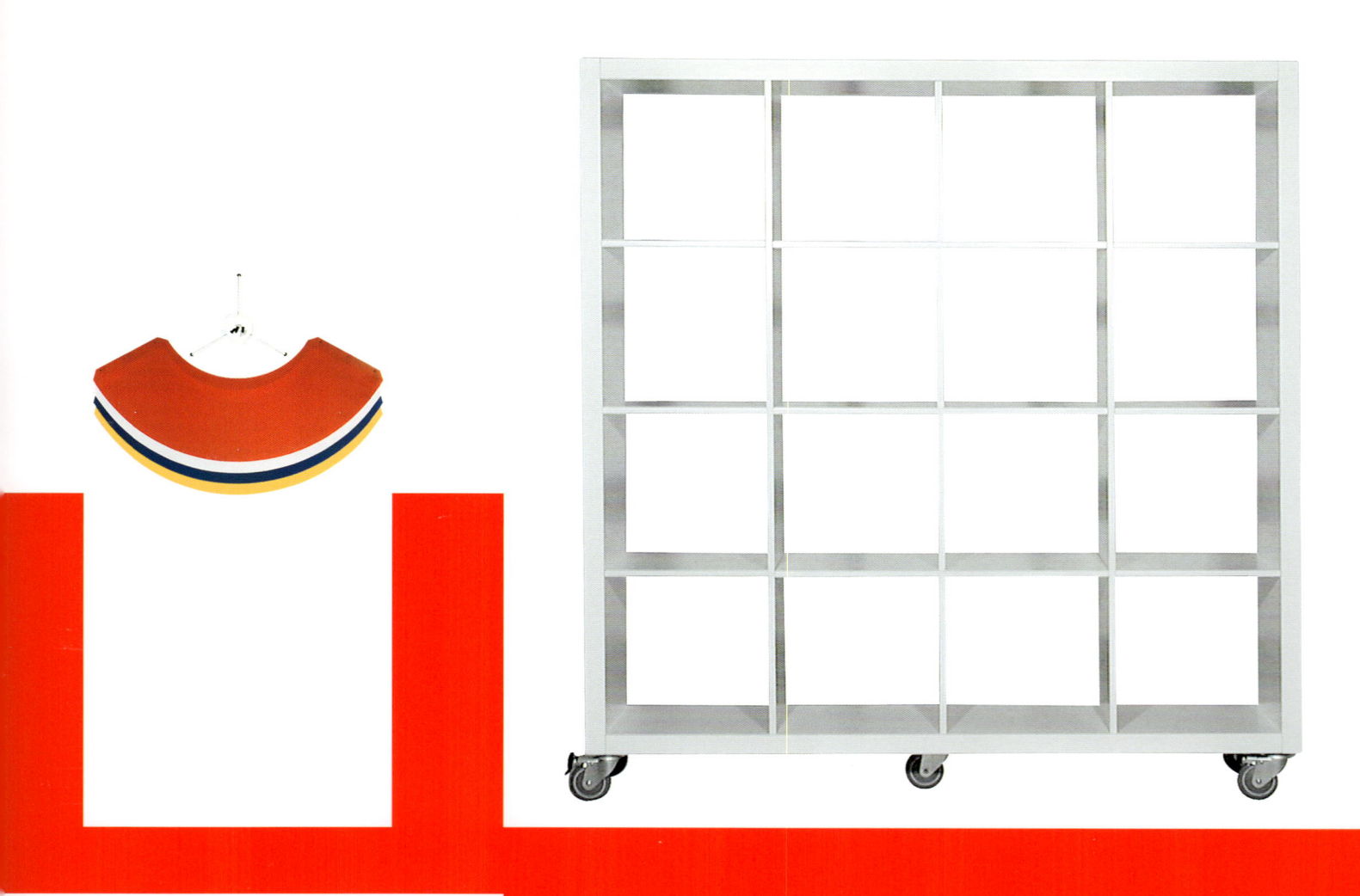

*Luminária Clic (acima),
dos designers
Fábio Falanghe e **Giorgio Giorgi**,
produção E27 Luminárias,
para **Tok&Stok**.*

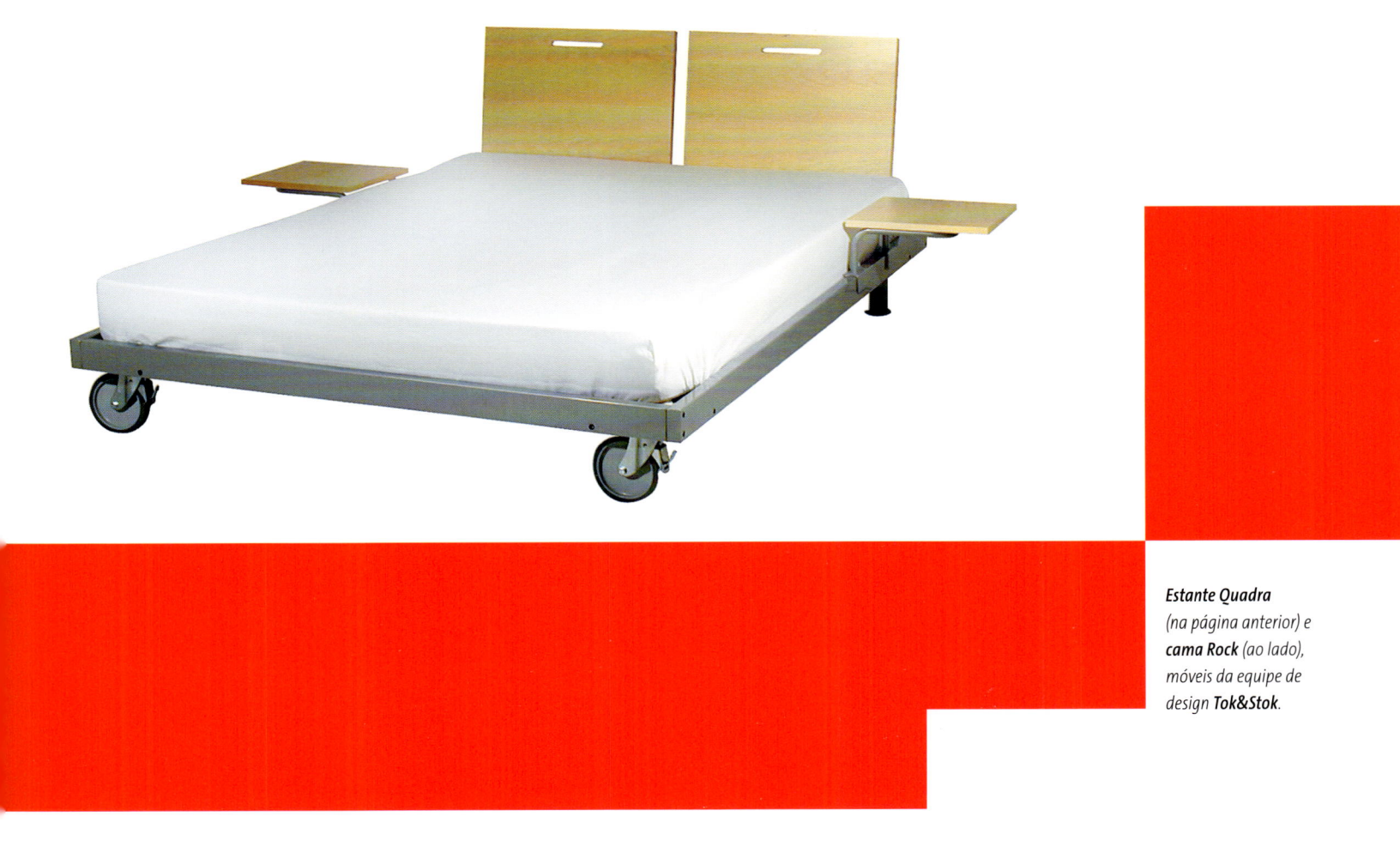

UM OLHAR SOBRE O DESIGN BRASILEIRO ESPAÇO VITAL GHISLAINE E RÉGIS DUBRULE

Estante Quadra (na página anterior) e *cama Rock* (ao lado), móveis da equipe de design **Tok&Stok**.

AS FORMAS DA LUZ
SUZANA SACCHI PADOVANO

166

SUZANA SACCHI PADOVANO *é designer, bacharel pela Universidade Mackenzie e mestre pela Rhode Island School of Design. Coordena o Curso de Desenho Industrial do Curso de Artes Plásticas da Fundação Armando Álvares Penteado e sócia da Sacchi Designers Associados.*

A descoberta da luz artificial permitiu ao homem uma independência maior sobre a natureza: somos capazes de definir nossas necessidades em relação à iluminação independentemente do horário. Partindo desse conceito, as luminárias foram marcando presença em nossas vidas. A tal ponto que ultrapassaram sua função utilitária, ganhando também status de objeto de arte. Falar sobre luminárias é muito mais do que simplesmente falar em iluminação Na criação dessas peças, mais do que nunca, temos de nos preocupar em unir estética e tecnologia, sem esquecer da ergonomia, o conforto propiciado pela correta iluminação dos interiores de nossas casas ou de nossos locais de trabalho.

Por isso, é impossível falar sobre luminárias sem falar, também, em materiais, formas e usos. Hoje criam-se produtos diferenciados: o designer de luminárias, que pensa o produto industrialmente, e o designer de luz, que faz objetos de luz, obras que tangenciam o design industrial e a arte, e cuja função não é necessariamente iluminar, mas sim criar uma metalinguagem por meio da luz.

O mercado nacional de luminárias segue alguns caminhos distintos, com um amplo segmento voltado para o público de alta renda, responsável pela criação de peças sofisticadas, que misturam materiais nobres de alta qualidade, como metais e certos tipos de polímero.

Na página anterior, luminária Capellini, de **Fernanda Brunoro**, *Bienal Internacional de Design Saint-Étienne 2004, produzida por Fasa Fibra Ótica.*

Nesse segmento há uma forte parceria entre design e tecnologia, com o desenvolvimento de produtos cada vez mais leves ou menores, com sistemas integrados que permitem não apenas o endereçamento da iluminação, mas sua dimerização de acordo com a preferência de cada usuário, a troca de cor de acordo com o horário do dia e até mesmo o desligamento automático quando o nível de luz natural é considerado suficiente.

Essa sofisticação no uso e o conforto que propicia têm um preço alto, o que torna essas peças inacessíveis à grande parte da população. Para atender o público de menor renda, existe um segundo grupo de empresas, que oferece peças mais baratas, com elementos compositivos frágeis, de curta vida útil, e nem sempre desenhadas por designers – muitas vezes, são simplesmente copiadas de catálogos estrangeiros ou de outros designers nacionais. Há também uma terceira via, voltada para as classes médias, com peças de estilo, criadas por designers brasileiros, mais cuidado em relação aos materiais e à qualidade de acabamento.

É nesse nicho que atua grande parte dos designers brasileiros. Profissionais que acabam produzindo suas peças em pequena ou média escala, longe do circuito das grandes indústrias. Em geral, trabalham com materiais simples, mas sempre com um diferencial estético e simbólico. As peças são lúdicas e cumprem, na decoração dos interiores, uma função escultórica e não apenas de iluminação. Podem ser feitas de bambus, com telas diferenciadas, ou mesmo usar materiais que já existem na praça.

Para driblar as dificuldades causadas pelos altos custos de produção, nossos designers colocam a criatividade à prova, adaptando os materiais disponíveis no mercado e utilizando-os em peças originais.

UM OLHAR SOBRE O DESIGN BRASILEIRO ESPAÇO VITAL SUZANA SACCHI PADOVANO

Protótipo de luminária de mesa (à esquerda), em módulos cônicos de papel reciclado e fibra de cana, e instalação luminosa composta de bacias plásticas, feita sob medida para atravessar dois andares da agência Primo Comunicação, ambas de **Cândido Azeredo**.

Luminária Plana, de teto, de **Fabio Falanghe** e **Giorgio Giorgi**, produção E 27 Luminárias, Prêmio Museu da Casa Brasileira 2002.

Luminária de mesa, de **Ana** e **Dino Galli**.

Luminária Giro, com projetor orientável em alumínio injetado, permite vários tipos de lâmpadas e de filtros, pode ser fixada em trilho ou em pendente, de **Fernando Prado**, produção Lumini. Prêmio Museu da Casa Brasileira 2004.

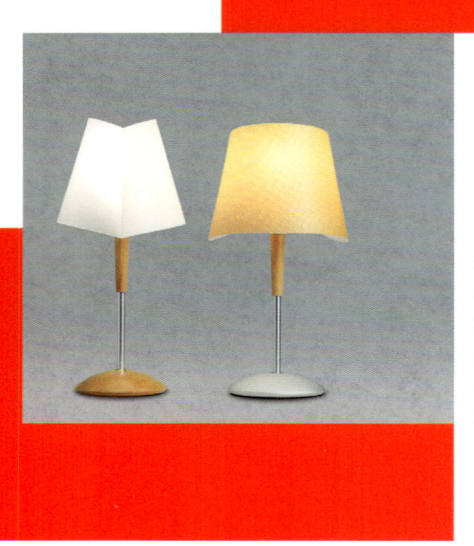

Luminárias Uauá, de mesa, de **Fabio Falanghe** e **Giorgio Giorgi**, produzidas por E27 Luminárias, Prêmio Museu da Casa Brasileira de 1995.

UM OLHAR SOBRE O DESIGN BRASILEIRO **ESPAÇO VITAL** SUZANA SACCHI PADOVANO

Luminária Veleiro, do arquiteto e designer **Guinter Parschalk**, Studio Ix.

Em cima da esquerda para a direita, luminárias de teto: linha Luna, de **Fernando Prado**, produção Lumini; linha Viva, de **André Wagner**, produção E27 Luminárias, Prêmio Museu da Casa Brasileira de 1997, e ao lado linha Hot Hat, de **Fabio Falanghe** e **Giorgio Giorgi**.

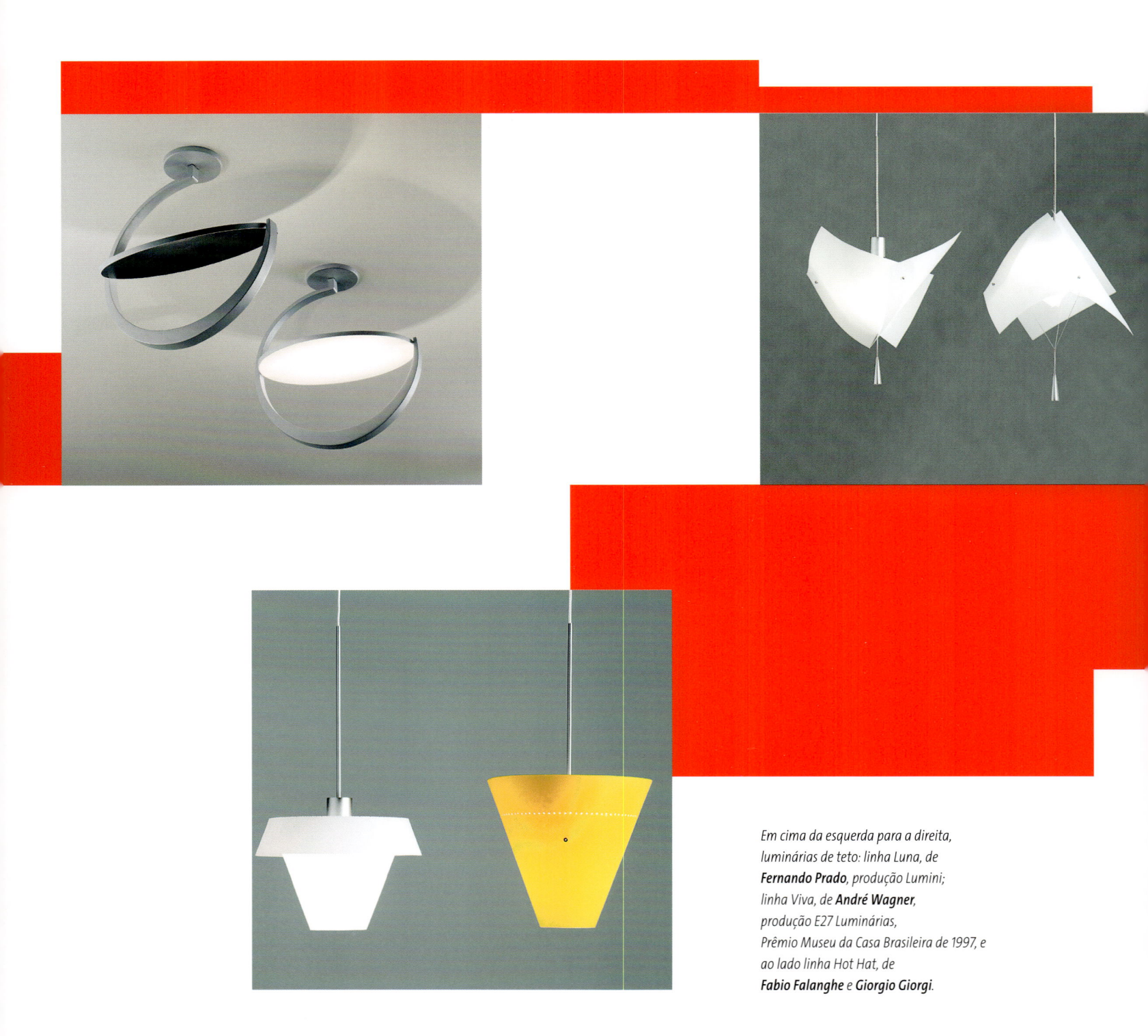

UM OLHAR SOBRE O DESIGN BRASILEIRO ESPAÇO VITAL SUZANA SACCHI PADOVANO

Da esquerda para a direita, luminárias da linha Duna: práticas e objetivas, são eficientes para ambientes de trabalho que requerem farta iluminação, de **Fabio Falanghe** *e* **Giorgio Giorgi**, *produção E 27 Luminárias.*

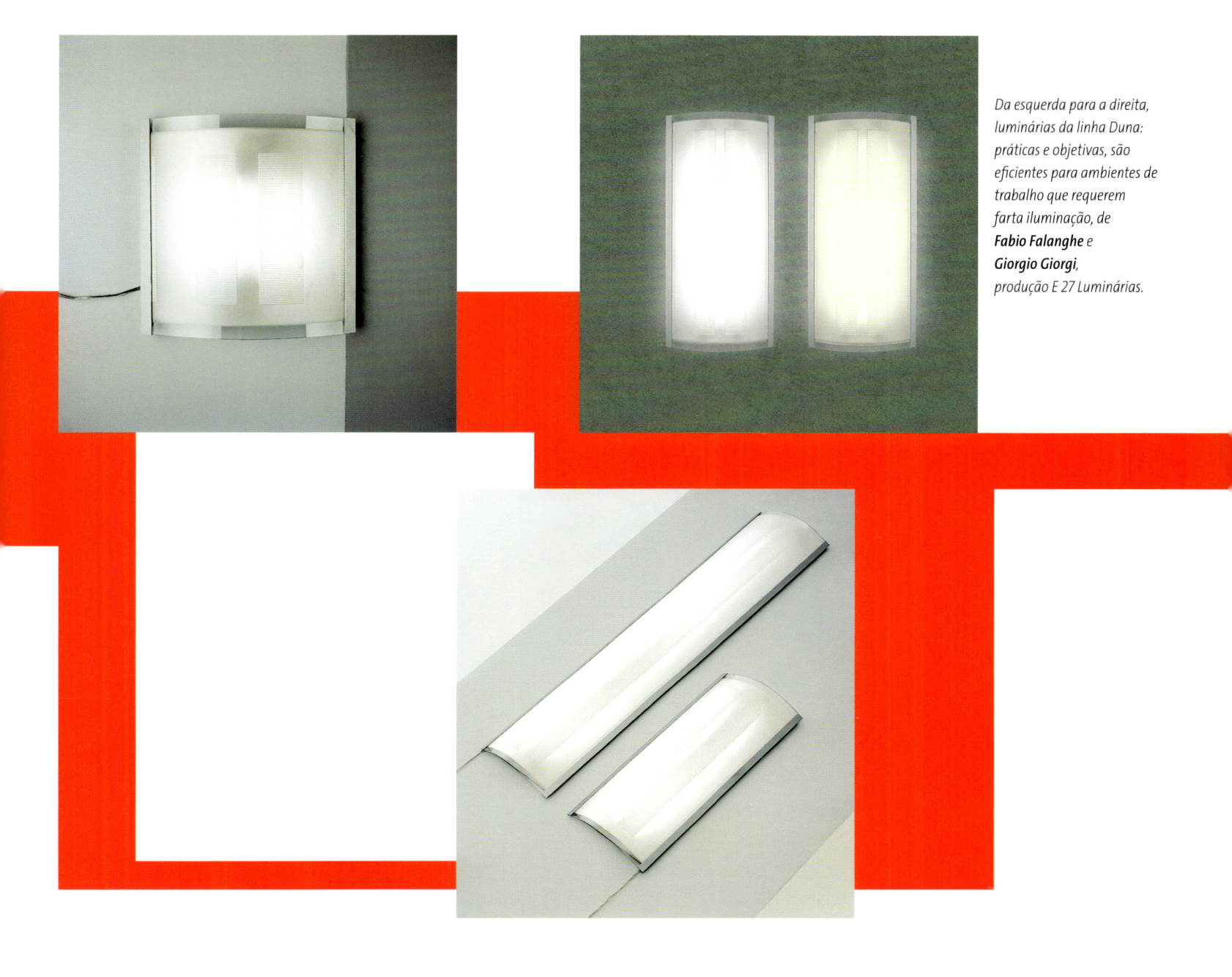

ECODESIGN

174

Biombo Araucari, *feito de galhos de araucária reflorestada, de* **Ricardo Afiune**, *Mairiporã, SP, e* **mesa Nena**, *em papelão e resina, de* **Rodolfo** *e* **Roberto Gomesan**, *São Paulo, SP.*

DESIGN SUSTENTÁVEL
SÉRGIO C. TRINDADE

Pode-se dizer que design é criatividade explicitada no papel, ou em outros meios de registro, com o objetivo de se produzir bens, processos e serviços para uso e consumo em qualquer escala e em qualquer domínio ou mercado. Nessa acepção ampla, design é muito mais do que desenho industrial. Poderíamos dizer, também, que o design é ecológico por definição: tem raízes na natureza tanto em sua concepção quanto na utilização de materiais, e seus resultados contribuem para o ajuste entre grupos humanos e seu ambiente.

A possibilidade de harmonizar a natureza com iniciativas humanas é exemplificada pelo renomado arquiteto norte-americano Frank Lloyd Wright, que concebia suas estruturas arquitetônicas como emanando da terra, incorporando-as à natureza. O uso inteligente de materiais de construção que se integrem às características ambientais e as concepções que valorizem sistemas naturais de ventilação e iluminação, para citar exemplos, são instrumentos de design integrados à ecologia. O design arquitetônico constitui uma área de muitas possibilidades de equilíbrio ambiental, cobrindo vasta gama, histórica e contemporânea.

A gradativa entrada no mercado, especialmente na Europa, do veículo automotor reciclável – os fabricantes são obrigados a reciclar os componentes após sua vida útil – revela uma tendência que reforça o equilíbrio ecológico. A reciclagem acaba se incorporando ao custo dos veículos, o que financia o processo e contribui para sua sustentabilidade.

SÉRGIO C. TRINDADE *foi secretário-geral-adjunto da Organização das Nações Unidas e é consultor internacional em gestão de mudança, com ênfase no desenvolvimento sustentável, aproveitamento racional de energia e novas tecnologias.*

UM OLHAR SOBRE O DESIGN BRASILEIRO ECODESIGN SÉRGIO C. TRINDADE

Cinzeiro Coca-cola, em lata de refrigerante reaproveitada.

A criatividade brasileira pode ser vista na roupa feita de materiais recicláveis apresentada em desfiles de moda no Brasil e no exterior. Cooperativas de produtores de baixa renda que trabalham com materiais recicláveis para confecção de bijuterias e roupas confirmam que a criatividade não tem limites sociais, uma vez removidas barreiras que tolhem sua manifestação. Materiais permanentes também estão presentes nas joias que combinam metais nobres a grande variedade de pedras brasileiras.

O conceito de design sustentável vai além do design ecológico, pois adiciona as dimensões econômica e social à dimensão ambiental. Entendido nessa concepção mais ampla, o design deve atender a critérios de sustentabilidade, o que só tem sentido se entendido globalmente. É necessário considerar o efeito da globalização sobre o design sustentável brasileiro. Globalização significa, na prática, a transformação quase que completa do mercado doméstico em um mercado internacional. Abre-se a economia de um país à entrada e saída de bens, serviços, capitais e tecnologias, e às ideias e aos designs neles contidos, com suas opções implícitas: padrões de consumo, estilos e qualidade de vida. Amplia-se o leque de escolhas por materiais, métodos construtivos e escalas produtivas.

Coletores para sucata reciclável, de **Sérgio Jaqueri Cordeiro**.

Vaso amarelão, *feito em madeira torneada e entalhada, por* **Luciano Deviá**, *São Paulo, SP.*

UM OLHAR SOBRE O DESIGN BRASILEIRO ECODESIGN SÉRGIO C. TRINDADE

Objetos em fibra de bananeira, papel reciclado e pigmentos naturais, **Oficina Gente de Fibra**, *Maria da Fé, MG.*

O design brasileiro cada vez mais tem de enfrentar a concorrência internacional em seu mercado. É possível e desejável, entretanto, que o design brasileiro aceite esse desafio. Em apoio a essa luta é fundamental que o país se fortaleça e se estabilize, se torne sustentável econômica, social e ambientalmente. Nesse sentido, o ajuste fiscal é essencial para aumentar a competitividade brasileira. Acesso a financiamento, doméstico e externo, diminuição de juros e estabilidade monetária e cambial são outras dimensões do processo de fortalecimento e sustentabilidade. Crescimento e distribuição equitativa da renda, e consequente expansão de empregos de qualidade, contribuem decisivamente para a capacidade brasileira de criar e promover seu design sustentável em prol da melhoria da qualidade de vida da população.

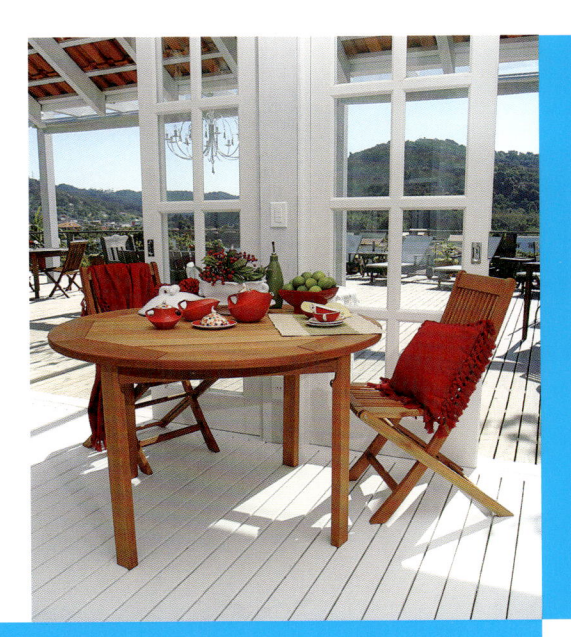

Conjunto de fruteiras **Cipreste**, *feito com resíduos de madeiras reaproveitados, por* **Pedro Petry**, *Arte-Objeto, Itu, SP.*

Mobiliário de casa e jardim em madeira maciça certificada pelo FSC, de **Móveis Butzke**, *Timbó, SC.*

A estratégia de desenvolvimento sustentável inclui, como elementos-chave, a formação e manutenção de quadros de recursos humanos de qualidade, via processos permanentes de educação, treinamento e pesquisa. Igualmente importante é o acesso irrestrito à informação, bem como a participação na organização das comunidades de produtores no processo de tomada e implementação de decisões. Implícita ou explicitamente, o design é uma faceta dessas decisões, que incorporam também aspirações sobre a qualidade de vida.

Vestido em placas de alumínio reaproveitado, de **Águida Zanol**, *Belo Horizonte, MG.*

Gargantilhas e colar feitos de canutilhos de papel reciclado, São Paulo, SP.

Caixas e canetas feitas com resíduos de madeiras reaproveitados, por **Pedro Petry**, *Arte-Objeto, Itu, SP.*

UM OLHAR SOBRE O DESIGN BRASILEIRO ECODESIGN SÉRGIO C. TRINDADE

Na última década, o Brasil começou a sacudir concepções estabelecidas no domínio econômico e tecnológico, promovendo ações de modernização e de exposição à concorrência internacional. O despreparo para participar desse processo pode resultar no aumento da marginalização e exclusão do país dos fluxos de comércio, de investimento externo e de tecnologia. Os benefícios da globalização não são automáticos. Podem resultar no aumento de nossa vulnerabilidade e afetar negativamente a qualidade de vida dos brasileiros.

No futuro, os cidadãos brasileiros plenos serão aqueles que estejam informados, educados e conectados e que, valorizando o design sustentável, estejam em condições de desempenhar papel relevante em uma economia mundial.

*Da esquerda para a direita, carrinho para catador de materiais recicláveis, projeto de **Ary Perez**, São Paulo, SP.*

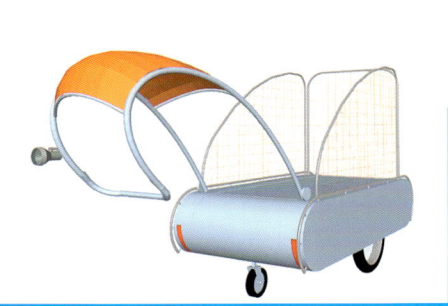

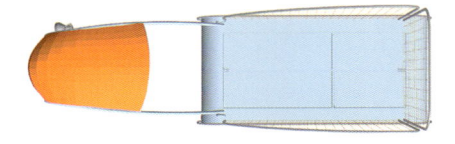

*Mochila da linha Treetap, feito em látex natural da Amazônia, de **Tatiana Pinho** e **Beatriz Saldanha**, Rio de Janeiro, RJ.*

181

TENDÊNCIAS DO DESIGN
SANDRA SOBRAL

182

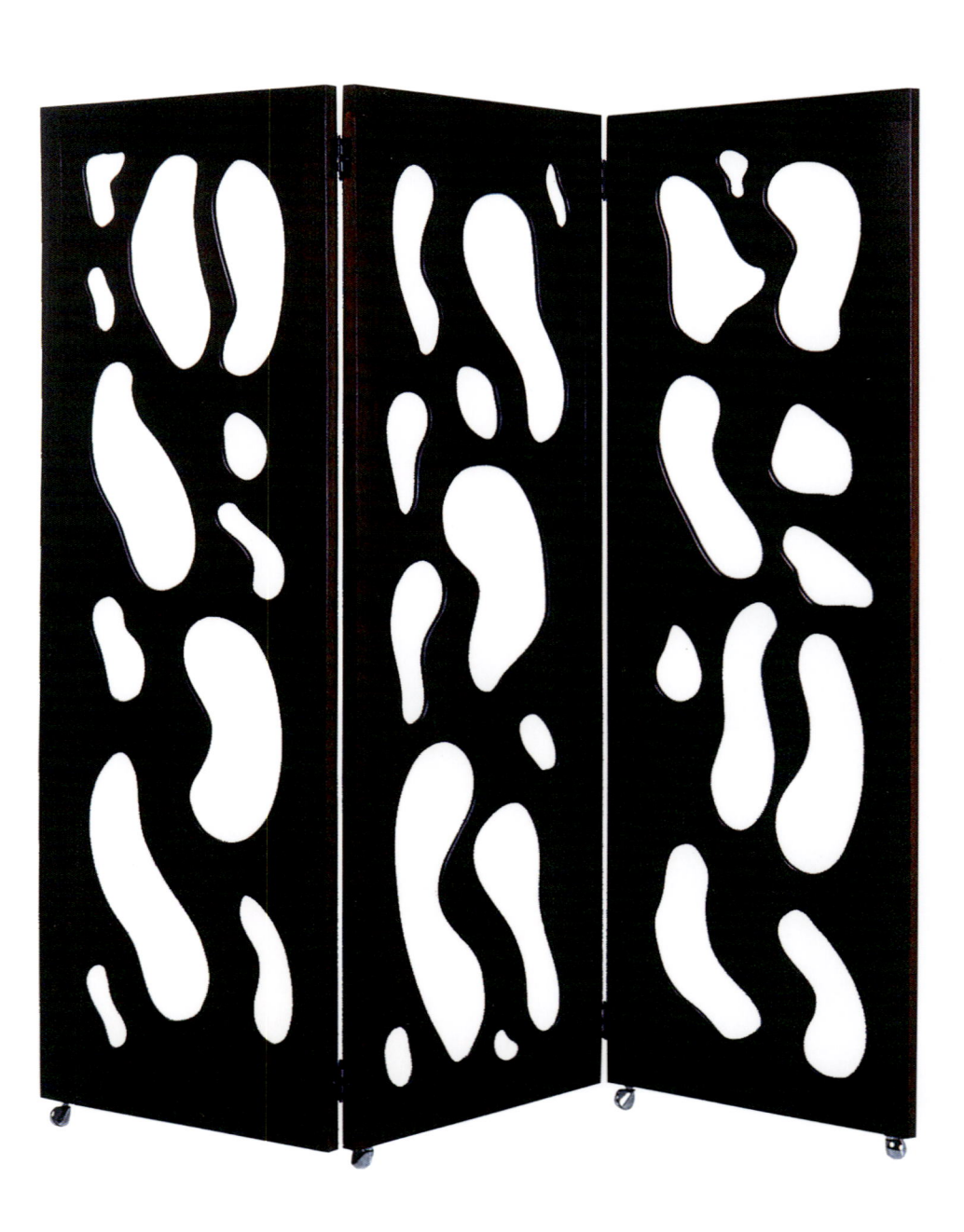

SANDRA SOBRAL *é jornalista e profissional de marketing, diretora da Sobral Comunicação, especializada em design e meio ambiente.*

Na página anterior, **biombo Organics**, *feito em madeira compensada, de* **Karim Akl**, *São Paulo, SP.*

Há quem diga que as tendências, como caminhos visionários do futuro, de fato não existem. Elas são espelho de determinada época e pensamento. Nada mais do que reflexos datados de desejos subliminares.

Coerente ou não, os novos tempos mostram que alguns caminhos já estão mesmo definidos. Como não ver o resultado irreversível do desrespeito ambiental, de uma humanidade pós-atentado de 11 de setembro, que se sente no dever de procurar sentidos para a vida?

A macrotendência deste milênio é de interdependência, seja econômica, seja política, seja social. Um dos resultados têm sido o que, na linguagem do design, chamaríamos de uma identidade coerente e funcional. Trata-se de um fenômeno que supera a tão malfalada globalização. A questão é mesmo de sobrevivência: as buscas são as mesmas para as empresas, para as pessoas, para os mais diversos países, para as mais diversas áreas, da medicina ao design. Todos nós buscamos viver mais e melhor. O desafio está em transformar esse chavão em soluções novas e criativas, com a luz do pensar e do olhar local.

Quando caminhamos para o universo dos produtos e de suas expressões visuais, o discurso vai além das tendências de cores e formas. Cresce o conceito de consumo consciente, em que as pessoas buscam cada vez mais produtos que priorizam o respeito ao meio ambiente e ao ser humano.
Nesse caminho, especialmente para o Brasil, encontra-se a chave para muitos problemas. Temos uma das maiores biodiversidades do planeta, temos matérias-primas belíssimas e únicas, que, se bem usadas, se transformam em enormes vantagens competitivas.

*Revisteiro Eixo 7,
de **Pedro Useche**,
São Paulo, SP.*

*Tampo de mesa em madeira
certificada e mosaico,
parceria entre
a **Orro & Christensen**
e a **Cidade Escola Aprendiz**,
São Paulo, SP.*

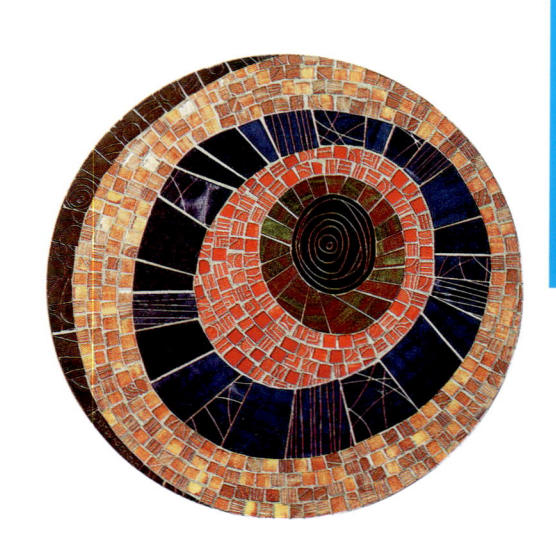

UM OLHAR SOBRE O DESIGN BRASILEIRO ECODESIGN SANDRA SOBRAL

Mobiliário infantil de papelão ondulado, de **Sandra Hirayama**.

Banco em madeira moldada, projeto Design Solidário Brasil-Holanda, design de **Jeroen Koolhaas**, *produzido pela* **Associação Comunitária Monte Azul**, *São Paulo, SP.*

Móveis modulares da linha Clips, em diversas cores, em madeira certificada, de **Orro & Christensen**, *São Paulo, SP.*

A preocupação social e ecológica é assunto mundial, mas aqui, mais do que uma tendência, deveria ser uma política nacional, se pensarmos na quantidade de empregos a serem gerados, nas condições subumanas em que vivem muitos brasileiros, na necessidade de aumentar as exportações. E ninguém duvida que o design é uma grande ferramenta para agregar valor a nossos produtos no exterior.

Nosso primeiro e mais decisivo argumento é o uso da liberdade, da criatividade e da diversidade, nas quais somos mestres e que, sem dúvida, definirão os rumos de nosso tempo e da tão sonhada identidade nacional. Encontra-se aí um grande espaço para o artesanato brasileiro, um de nossos maiores patrimônios, que pode ser revitalizado pela mão do designer.

*Luminária pendente **Square**, de **James Bem Elkins**.*

Outra tendência de comportamento é o respeito à vida, seguida de um decisivo e categórico "não" ao desperdício de tempo e de dinheiro. Cresce o movimento dos que, finalmente, querem aproveitar mais a vida, viver mais e, se possível, com menos.

Um "menos" que extrapola o saldo em conta e vai ao encontro, definitivamente, de produtos que nos façam perder menos tempo, que poupem energia (nossa e do mundo), que usem apenas a matéria-prima necessária e sempre reciclável, que tenham processos produtivos inteligentes. Ou seja, produtos "feitos para durar", se não no tempo, ao menos como parte de um projeto de permanência. Produtos com alma, que tenham uma história própria ou que possam fazer parte da nossa. Buscamos um design que seja sinônimo de frescor, vida e alegria. Produtos que tragam poesia e que façam as pessoas menos solitárias e mais felizes.

Banco Iracema, em madeira maciça, de **Cláudia M. Salles**.

Banco Ressaquinha, dois tipos de madeira, de **Maurício Azeredo**. Pirenópolis, GO.

PARCERIA ENTRE MÁQUINA E MANUFATURA

A sociedade de consumo nos moldes e padrões dos Estados Unidos se alastrou de forma indiscriminada pelo mundo. O consumo irresponsável, no entanto, não tem como prosseguir. Não há matéria-prima e energia que o sustentem. "O planeta não aguenta", afirma o arquiteto e designer Marcelo Suzuki, especialista em ecodesign e professor de Projeto do Departamento de Arquitetura da Faculdade de Engenharia de São Carlos, da USP. "A grande riqueza do Brasil está na possibilidade de utilização racional de seus recursos renováveis, dentro de uma política de desenvolvimento que incorpore a reciclagem e articule a produção industrial com as manufaturas e a produção artesanal típica de nossa cultura popular", diz Marcelo Suzuki.

O pesquisador cita algumas indústrias que têm dado bons exemplos: a do alumínio, que tem articulado um esforço de coleta e reciclagem que contribui para conter um pouco o impacto do processo de extração da matéria-prima; a indústria automotiva já utiliza mistura de fibras de coco com resina para componentes. Aliás, segundo Suzuki, as fibras e resinas naturais brasileiras oferecem enorme gama de possibilidades – para componentes, objetos e até casas inteiras. Estruturas de madeira laminada podem ser barateadas com resina de mamona. Outros exemplos são o uso de madeira de manejo sustentável das florestas; a produção de essências para a indústria farmacêutica, de cosméticos e perfumaria; tecidos feitos em teares com fibras e pigmentos naturais de excelente qualidade.

Para o professor Suzuki, as embalagens em cestaria da cachaça Ypióca, uma campeã de vendas no Brasil e no exterior, representam um bom exemplo da grande produtividade alcançada por esse casamento entre manufatura e máquina. Toda a produção das embalagens é realizada por apenas dez mulheres em Juazeiro do Norte, que conseguem tal flexibilidade na trama da palha que permite envolver toda a garrafa com a cestaria. Elas são a prova viva de que conseguimos reunir alta tecnologia, industrialização de ponta e um aproveitamento ético do trabalho artesanal.

*Aguardente **Ypióca**, embalagem artesanal feita de cestaria em palha de carnaúba, Juazeiro do Norte, CE.*

UM OLHAR SOBRE O DESIGN BRASILEIRO **ECODESIGN** SANDRA SOBRAL

*Mantas feitas em tear com fibras de PET reciclado, de **Daniela Moreau**, Baobá, Santo Antônio do Pinhal, SP.*

*Vaso, susplat e castiçais feitos em madeira de manejo florestal da Amazônia, de **Carla de Assis**, Núcleo Moira, Brasília, DF.*

*Banco de caminhão Mercedes-Benz feito com fibra de coco, parceria entre a **Daimler Krysler do Brasil** e o **Programa Pobreza e Meio Ambiente da Amazônia**.*

COMUNICAÇÃO & MARKETING

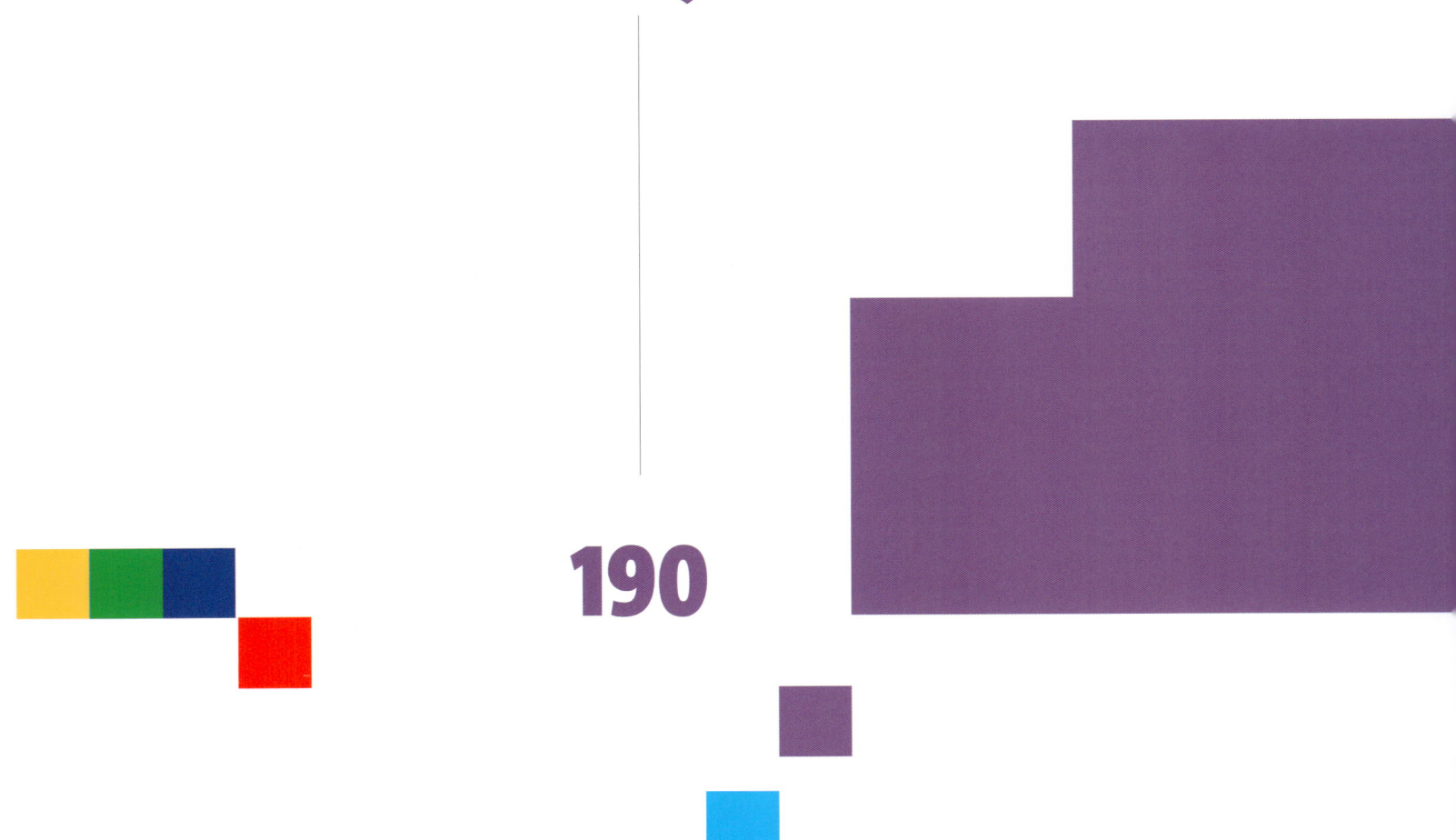

190

Caixa Modernista com diversas
obras editada pela Imprensa Oficial
do Estado de São Paulo.

ARTES GRÁFICAS UMA REVOLUÇÃO PERMANENTE
HUBERT ALQUÉRES

HUBERT ALQUÉRES é
*diretor-presidente da
Imprensa Oficial do
Estado de São Paulo.*

A primeira peça e marco inaugural da imprensa brasileira começou a ser produzida muito longe daqui, em Londres, no ano de 1808, numa época conturbada da política internacional. Napoleão pretendia-se dono da Europa, invadindo territórios de quem não era seu aliado e pondo famílias reais a correr.

A leitura era privilégio de poucos até mesmo nos centros urbanos mais importantes do mundo, que dirá em colônias como o Brasil. Livros eram vistos com maus olhos e, nas colônias portuguesas, imprimir constituía-se em um ato subversivo. Foi nesse quadro que o exilado Hypolito José da Costa começou a produzir seu *Correio Braziliense* numa gráfica inglesa e a distribuí-lo entre outros exilados, mandando exemplares clandestinamente para o Brasil.

O segundo marco da imprensa brasileira surgiu em 13 de maio de 1808, com o nome de *Impressão Régia* e ainda como reflexo das invasões napoleônicas. Criada por decreto de dom João VI e sediada no Rio de Janeiro, a *Impressão Régia* contava inicialmente com dois prelos rudimentares e oito caixas de tipo, transportados de Portugal a bordo da nau Medusa, integrante da frota que trouxera a Família Real Portuguesa ao Brasil. Publicava os atos oficiais, lançando com esse objetivo a *Gazeta do Rio de Janeiro* em dezembro daquele ano, mas foi pioneira também na edição de livros.

UM OLHAR SOBRE O DESIGN BRASILEIRO **COMUNICAÇÃO & MARKETING** HUBERT ALQUÉRES

Obras editadas pela Imprensa Oficial do Estado de São Paulo e logotipo da Imprensa Oficial selecionado para a 7ª Bienal de Design Gráfico 2004.

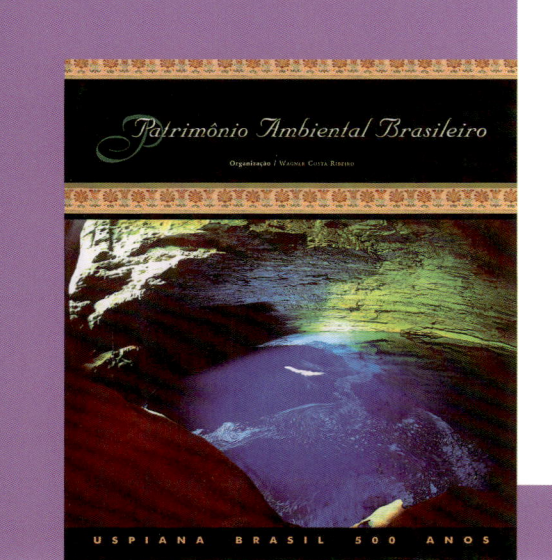

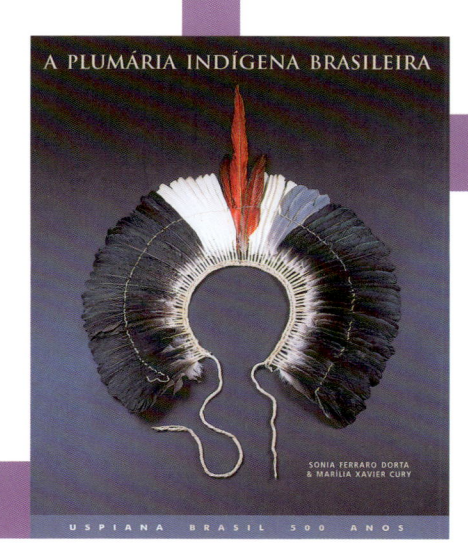

Preocupada com o desenvolvimento tecnológico, já em 1809 seus técnicos construíram em madeira o primeiro prelo da América do Sul e, em 1811, montaram a primeira fábrica de tipos. Em 1902, instalaram a primeira rotativa do país e, em seguida, os primeiros linotipo e monotipo. A gravação e a estereotipia também se desenvolveram nas oficinas da Imprensa Nacional, como passou a ser conhecida no século passado. Graças a seus recursos técnicos, foi responsável, durante muito tempo, pela produção de selos e estampilhas e criou o primeiro clichê do Brasil, a reprodução em cobre da planta da cidade de São Sebastião do Rio de Janeiro.

O terceiro marco da imprensa brasileira surgiu em 1812. Aproveitando a pequena liberdade de expressão que acompanhou a vinda da Família Real Portuguesa para o Brasil, o tipógrafo português Manoel Antônio da Silva Serva imprimiu na Bahia sua *Variedade: Ensaios de Literatura*. *O Correio* é considerado pelos especialistas o primeiro jornal brasileiro e *Variedades*, a primeira revista – ambos, porém, poderiam ser considerados como livros.

Calhamaços massudos, seus recursos gráficos limitavam-se aos oferecidos pela tipografia – vinhetas, frisos, letras em dois ou três tamanhos diferentes. Seu conteúdo era distante da cobertura factual e da expressividade social que associamos às revistas e aos jornais contemporâneos. *O Correio* manteve-se até 1822 e acompanhou a evolução da imprensa. A *Variedade* teve vida efêmera e desapareceu após duas edições.

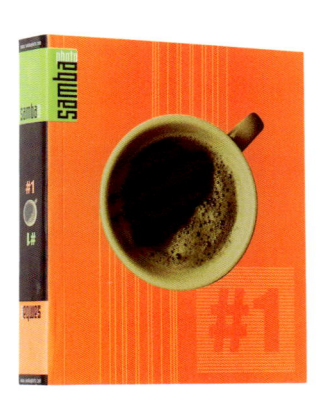

As notícias não eram o forte da nascente imprensa brasileira, mais opinativa e instrumento de agitação política, muitas vezes de vida curta. A proclamação da independência por D. Pedro, às margens do Ipiranga, em São Paulo, só foi publicada pelo jornal *O Espelho*, do Rio de Janeiro, 13 dias depois do "grito". Nossa imprensa começa a ganhar peso na época da Guerra do Paraguai, na década de 1860. Aumenta a preocupação com a notícia e incorpora novidades, como o farto recurso às ilustrações feitas em xilogravuras e litografias. Nessa época, começaram a circular os jornais brasileiros que criaram sólidas raízes sociais, como *A Província de São Paulo*, depois *O Estado de São Paulo*, que atravessam as décadas mantendo-se na vanguarda dos meios de comunicação.

Sampaphoto – livro e catálogo de fotos autorais, selecionadas e editadas, design de **Rodolfo Resende** – Estúdio Tostex para Sampafhoto, São Paulo, selecionado para a 7ª Bienal de Design Gráfico 2004.

UM OLHAR SOBRE O DESIGN BRASILEIRO COMUNICAÇÃO & MARKETING HUBERT ALQUÉRES

Destino semelhante vivenciou também a Imprensa Oficial de São Paulo, criada no final do século XIX como meio de divulgação dos atos oficiais e que, com o tempo, se modernizou e se transformou numa instituição de fomento e difusão da cultura brasileira.

Na virada do século XX, surgiram algumas publicações que souberam usar os recursos gráficos para conquistar o público e manter-se por longos períodos. Bons exemplos são a *Revista da Semana* (1900 – 1959), que inaugurou o uso da fotografia, *O Malho* (1902 – 1954), o primeiro a usar a tricromia, a *Kosmos* (1904 – 1909), ou a *Careta* (1908 – 1960) – publicações mais modernas, com a nítida preocupação de construir uma identidade editorial pela harmonização de texto e recursos gráficos e fotografias.

As artes gráficas, porém, ainda eram vistas como parte das atribuições cotidianas dos próprios gráficos e não como um objeto de estudo e pesquisa. Elas só ganham estatura com o modernismo, nos anos de 1929 e 1930 – a personalíssima Klaxon à frente. Mas é com as revistas *O Cruzeiro* (1928 – 1975), a partir de 1943, e *Manchete*, em 1952, que nos aproximamos do moderno conceito de artes gráficas, diagramação e mesmo de chefe de arte.

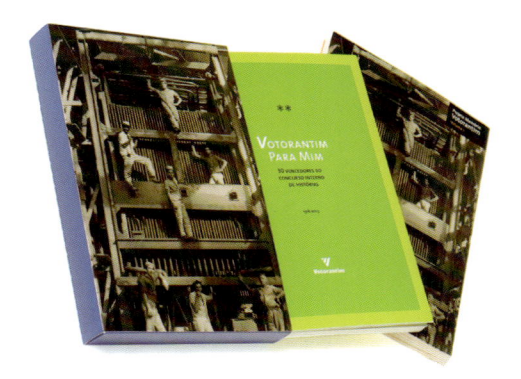

"Votorantim para mim", livro institucional sobre os 85 anos de história de um dos maiores grupos industriais brasileiros e de circulação dirigida para seus 35 mil funcionários; projeto gráfico de **Kiko Farkas**/Máquina Estúdio, selecionado para a 7ª Bienal de Design Gráfico 2004.

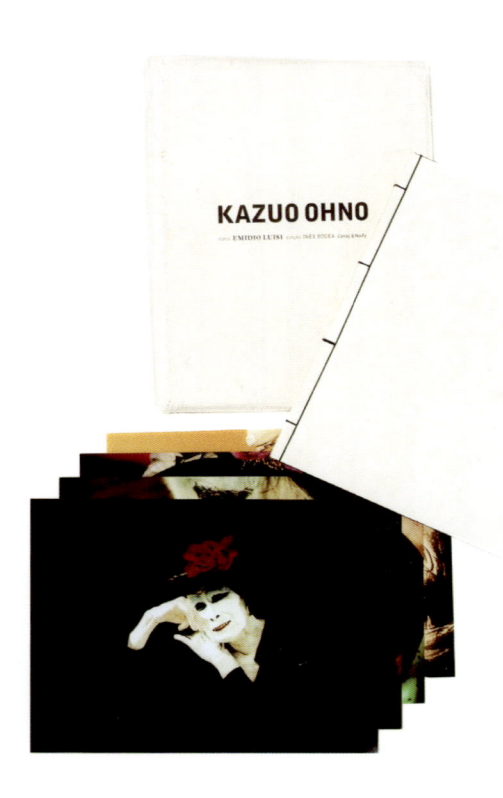

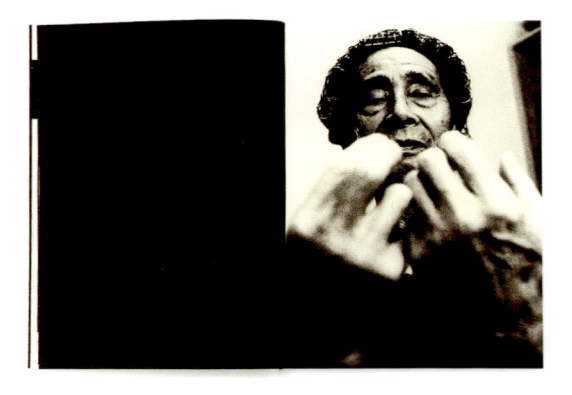

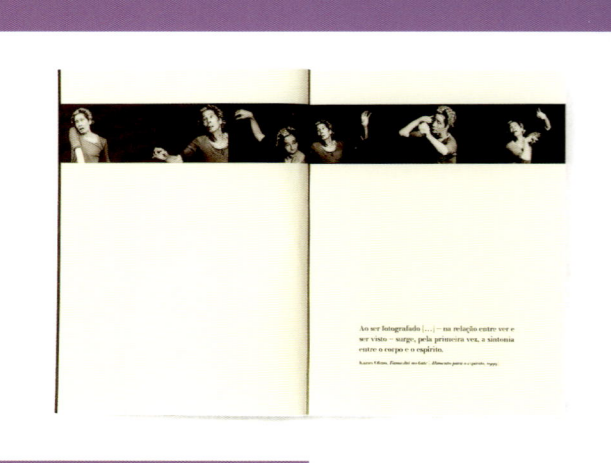

Kazuo Ohno, o projeto gráfico evoca a tradição japonesa neste livro sobre o bailarino japonês, mestre do butô no Brasil, design de **Raul Loureiro** para Cosac & Naify Edições, São Paulo, selecionado para a 7ª Bienal de Design Gráfico 2004.

Um capítulo especial dessa evolução foi escrito pelas histórias em quadrinhos, infantis e juvenis. Primeira revista brasileira no gênero, *O Tico-Tico* (1905 – 1960) marcou gerações. Em 1929, surgia em São Paulo *A Gazetinha*, responsável pela primeira quadrinização de uma obra literária, o romance de aventuras de Rafael Sabatini, Capitão Blood.

Essa linhagem de reprodução em quadrinhos de clássicos da literatura universal e brasileira seria prosseguida pela Edição Maravilhosa, lançada em 1948. Por essa época, já haviam desembarcado no Brasil, vindos dos Estados Unidos, super-heróis como Superman ou Capitão Marvel. E em 1950 aparece no mercado a Editora Abril, reproduzindo inicialmente as histórias e personagens de Walt Disney, mas abrindo espaço em seguida para criações originais de artistas brasileiros, como a *Mônica*, de Maurício de Sousa.

O panorama das artes gráficas começa a mudar rapidamente nos anos seguintes, quando o conceito de graphic design espalha-se pelo mundo – no Brasil, seu melhor exemplo na década é a revista *Senhor*, de 1959. Com o impulso industrializante que sacode o país, a questão da identidade visual extrapola o mundo da imprensa.

O setor livreiro, por muito tempo mais conservador, também se torna permeável às inovações estéticas, principalmente em editoras como a Brasiliense e a Zahar. Lentamente, as empresas também começam a investir em sua identidade institucional, recorrendo aos criadores gráficos para definir marca, logotipo, sinalização, etc.

Nas décadas de 1970 e 1980, assistimos à implantação do conceito de marketing, que recorre, cada vez mais, ao design gráfico como elemento de venda. Descobre-se que o design potencializa o produto, otimiza a produção, melhora a comunicação, criando empatia com o público consumidor. Desde então, passamos por uma revolução permanente. Em muitos casos, observa-se uma verdadeira fusão entre escritórios de design, agências de publicidade e departamento de desenvolvimento de produtos das empresas. O designer gráfico vê suas funções multiplicadas e, de criador individual, transforma-se em membro de uma equipe. A tendência à valorização da imagem se impõe, tornando-se absoluta.

Com a popularização dos computadores e dos softwares nos anos de 1990, o design gráfico também se populariza, beirando a banalização. Hoje, qualquer empresa, por menor que seja, tem sua marca e papelaria.

Os recursos de criação atingem uma multiplicidade estonteante. O bom design, no entanto, exige cada vez mais um profissional de amplo conhecimento técnico, mas que saiba aliar sua criatividade à tecnologia e que tenha uma formação suficientemente ampla para poder lidar e interferir na fluidez de um mercado globalizado.

Não há dúvida, porém, que o mercado se democratizou e amadureceu. Hoje existem bons escritórios de design gráfico no Brasil inteiro. O designer ganhou muito mais autonomia e recursos criativos – pode testar e alterar infinitas vezes seu trabalho, definindo novos espaçamentos, alturas, comprimentos e larguras; criar e alterar imagens até o limite de sua criatividade; inventar novas tipografias e combiná-las a seu bel-prazer. Nas redações, o diretor de arte transformou-se de fato em um editor – e todas as publicações periódicas vivem em processo de transformação permanente. No setor livreiro, os editores incorporaram a premissa básica do marketing de que uma boa embalagem é fundamental para estimular a venda do produto. Nas livrarias, as capas de livros de literatura são um show à parte.

E, nesse terreno, não basta ao designer conhecer as técnicas, ele tem de saber dar expressividade ao espírito da obra com força suficiente para "vender" o produto. Para isso, utiliza uma multiplicidade de recursos de imagens, cores, volumes, etc.

O espaço para experimentação cresceu muito com o novo nicho do mercado editorial criado pela atual legislação de incentivos fiscais para a promoção da cultura e com a ampliação das atribuições e atividades das imprensas oficiais, como a de São Paulo.

*Livros da Companhia das Letras,
capas de **Raul Loureiro**,
Silvia Ribeiro
e **João Baptista da Costa Aguiar**,
São Paulo, SP.*

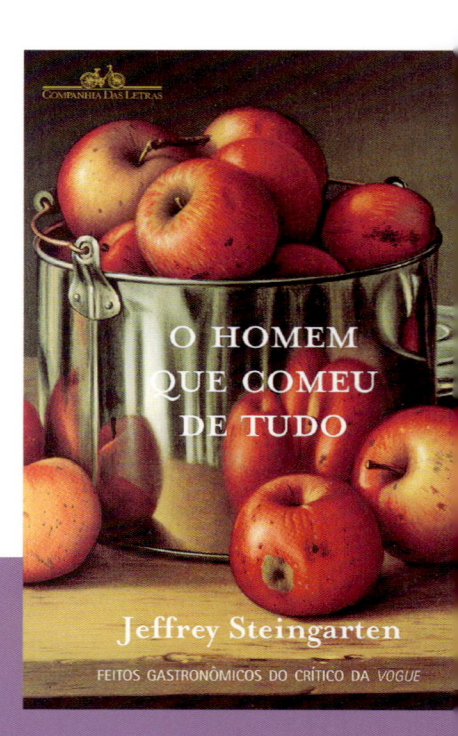

UM OLHAR SOBRE O DESIGN BRASILEIRO COMUNICAÇÃO & MARKETING HUBERT ALQUÉRES

Os livros de arte e cultura financiados por empresas, ou coeditados pelas imprensas oficiais, abriram novos campos de investigação e registro de momentos de nossa história e cultura. Lançaram também aos designers gráficos o desafio de criar produtos editoriais excelentes, que tenham autonomia e, ao mesmo tempo, contribuam para a imagem empresarial do patrocinador ou editor – recursos para isso não faltam.

A experimentação também é ilimitada nas emissoras de televisão, na internet e nos vários tipos de produto editorial eletrônico, onde as possibilidades técnicas permitem a construção de realidades virtuais por meio de manipulações de imagens e animações – o mais puro design gráfico.

É o limite? Certamente não. Prever o futuro sempre é difícil, mas certamente ainda teremos muitas transformações pela frente.

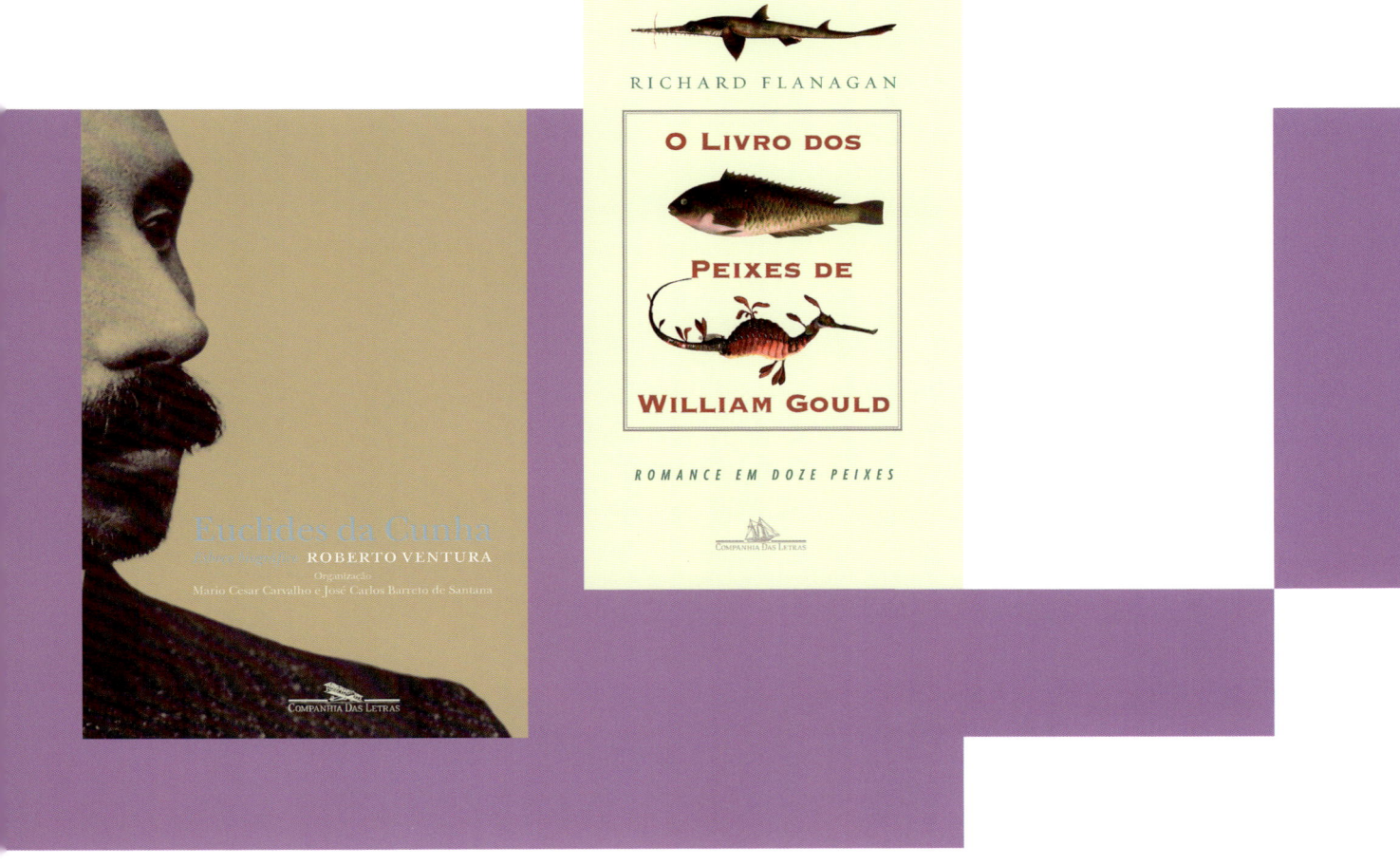

Cartaz do documentário
"**Onde a Terra Acaba**",
dirigido por Sergio Machado,
design de **Guto** e **Adriana Lins**,
Manifesto Design, Rio de Janeiro,
para VideoFilmes, selecionado para
a 5ª Bienal de Design Gráfico 2002.

Cartaz do documentário
"**Nelson Freire**",
dirigido por
João Moreira Sales,
design de **Guto**
e **Adriana Lins**,
Manifesto Design,
para VideoFilmes.

UM OLHAR SOBRE O DESIGN BRASILEIRO COMUNICAÇÃO & MARKETING HUBERT ALQUÉRES

Cartaz institucional da
Som Livre, design de
Guto Lins, Manifesto Design,
Rio de Janeiro.

Cartaz da peça "**Rasga Coração**",
de Oduvaldo Viana Filho,
direção de Hamilton Vaz Pereira,
design de **Guto Lins**
e **Hamilton Vaz Pereira**,
Manifesto Design,
para o CCBB, Rio de Janeiro.

Coleção "100 Fotos de Placar – São Paulo", edição especial, segmentada pelos principais clubes brasileiros, **equipe da Revista Placar**, Editora Abril, selecionada para a 7ª Bienal de Design Gráfico 2004.

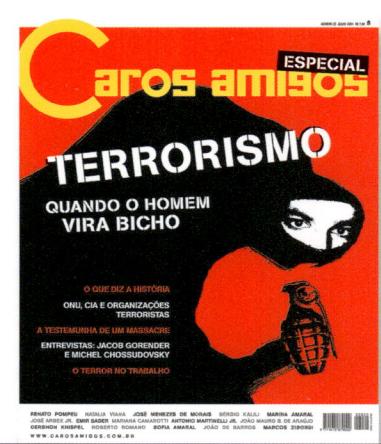

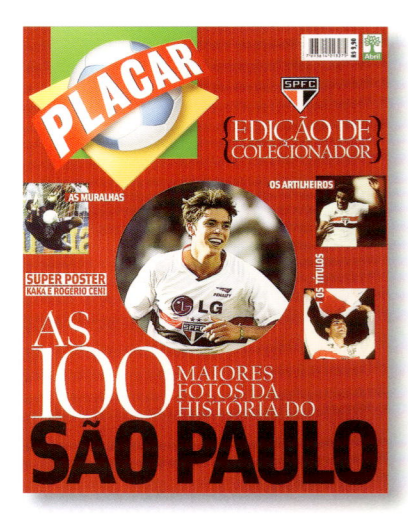

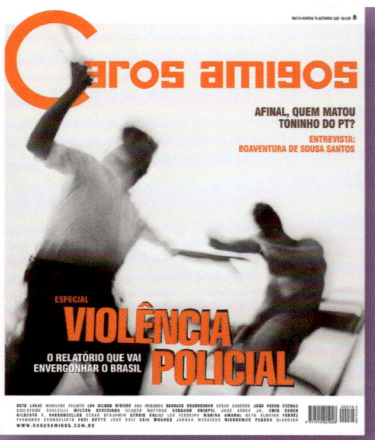

Revista "Caros Amigos", direção de arte de **Flávia Castanheira**, Editora Casa Amarela, São Paulo.

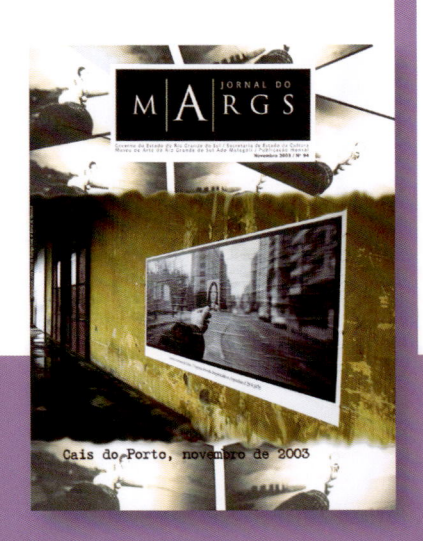

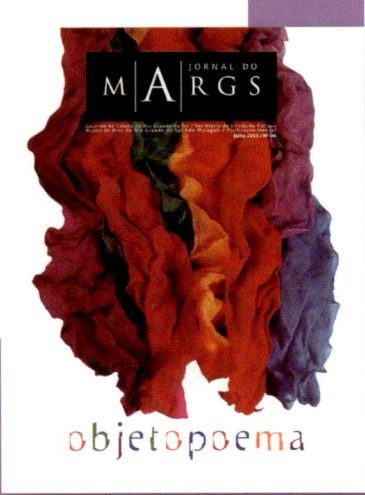

UM OLHAR SOBRE O DESIGN BRASILEIRO COMUNICAÇÃO & MARKETING HUBERT ALQUÉRES

Jornal do MARGS, publicação do Museu de Arte do Rio Grande do Sul, projeto gráfico do **Ateliê Design Editorial**, selecionado para a 7ª Bienal de Design Gráfico 2004.

Revista "Kaza", dirigida à área de design e decoração, projeto gráfico de **Marcelo Aflalo** e **Stella Prada Ramenzoni**, Univers Design, para Editora Ação, São Paulo, selecionada para a 7ª Bienal de Design Gráfico 2004.

O DIFERENCIAL TECNOLÓGICO
MÁRIO CÉSAR DE CAMARGO

Skol na cor amarela verão, com logo redesenhado e aplicado na vertical, e a seta ícone da campanha; de **Margarete T. Takeda** *e equipe,* **A10 Design Comunicação**, *embalagem selecionada para a 7ª Bienal de Design Gráfico 2004.*

MÁRIO CÉSAR DE CAMARGO
*é presidente
da Associação Brasileira
da Indústria Gráfica
(Abigraf).*

Na última década, o setor gráfico brasileiro experimentou uma grande transformação tecnológica, com investimentos na ordem dos seis bilhões de dólares, dirigidos basicamente para a atualização de máquinas, melhoria de processos, construção de novas plantas, introdução de novos produtos. Isso teve um impacto direto na criação e no design de novos produtos, uma vez que várias possibilidades se abriram com esses novos equipamentos.

Nos anos de 1990, a embalagem padrão de um produto de gôndola, por exemplo, era impressa em quatro cores sólidas, com pouca atração visual. Hoje basta uma rápida visita ao supermercado, para ver uma infinidade de formatos, recortes, impressões com relevo, com quinta ou sexta cores especiais, hot stamp, abas, puxadores – tudo o que a imaginação do designer puder criar. Isso foi possível justamente pela incorporação dessas novas tecnologias, tanto em máquinas quanto em processos de automação.

Não que a produção de materiais diferenciados não fosse possível antes. No entanto, os produtos especiais eram feitos, geralmente, em quantidades muito pequenas e de maneira quase artesanal. Com a incorporação de máquinas de alta produção, foi possível democratizar o acesso à qualidade e o que era antes um artifício de diferenciação hoje é commoditie. Qualidade e recursos técnicos tornaram-se quase uma obrigação, não mais um fator de destaque. Daí a importância cada vez maior do design na criação de embalagens ou de outros produtos gráficos. A diferença já não está mais no modo de produzir, mas na maneira de criar.

O setor gráfico brasileiro melhorou não só sua performance. A reboque das inovações tecnológicas, veio uma redução sensível do custo do produto gráfico e hoje são raríssimos os produtos sem viabilidade econômica no nosso mercado. A inviabilidade, quando acontece, é mais em função da pequena escala de produção do que por impossibilidade técnica. Todos os recursos técnicos que nossos pares usam na Europa já podem ser utilizados aqui, basta ter demanda.
Ao conquistar essa posição de paridade tecnológica, o setor gráfico já se prepara para abrir novos horizontes. E um caminho interessante é o da personalização dos produtos. Estamos cada vez mais preocupados em identificar cada produto como se fosse único.

Relatório Anual Natura, combinando o apelo às formas femininas com elementos da cultura brasileira, da **Modernsign Design e Inovação**, para Natura Cosméticos S.A.

UM OLHAR SOBRE O DESIGN BRASILEIRO **COMUNICAÇÃO & MARKETING** MÁRIO CÉSAR DE CAMARGO

Kit Acácia, *material promocional feito em parceria pelo Museu de Arte Moderna e a Ripasa, de* **Rico Lins + Studio** *para Ripasa S.A., selecionado para a 7ª Bienal de Design Gráfico 2004.*

Assim como já produzimos talão de cheque personalizado há muito tempo, a perspectiva é ampliar o leque, chegando, por exemplo, à embalagem personalizada, ao manual de automóvel personalizado, ou ao exemplar de revista personalizada – e não apenas com o nome do assinante, mas com uma concentração de assuntos que atenda ao seu interesse. Esse processo é conhecido como encadernamento seletivo e já é praticado, em alguns mercados, por algumas empresas que, trabalhando com determinados perfis de leitores, montam a revista segundo sua prioridade de leitura.

É claro que, para que novos avanços se consolidem, é preciso considerar a terceira ponta desse triângulo formado pela tecnologia e pelo design: o mercado.

O mercado brasileiro precisa evoluir, massificar o uso do produto gráfico. Um indicador da limitação de nosso mercado é a quantidade de papel consumida no país: cerca de 40 quilos por habitante/ano, contra 300 por habitante/ano nos Estados Unidos. Ainda é necessária uma grande evolução em termos de demanda e essa é uma equação que tem pelo menos duas chaves: para aumentar o mercado potencial ou se trabalha na redução de custos ou no aumento da renda. A redução de custo do produto gráfico no Brasil foi brutal, na ordem de 60% a 70% na década – e isso se deu, basicamente, por meio de incorporação de tecnologia. Agora, o que se espera é que o Brasil retome seu crescimento econômico, colocando mais dinheiro no bolso do consumidor. Essa é a chave da equação virtuosa que ainda está para ser resolvida.

A MAGIA DA PERCEPÇÃO

FABIO ARRUDA MORTARA
Empresário gráfico, presidente executivo da ABTG – Associação Brasileira de Tecnologia Gráfica e da Associação dos Amigos do Museu da Indústria Gráfica – AMuG.

Ferdinand de Saussure, proeminente linguista suíço da efervescência cultural, tecnológica, estética e comportamental que marcou a transição do século XIX para o XX, afirmava que a imagem acústica de um signo linguístico não era a palavra falada, mas a impressão psíquica desse som. Numa analogia mais contemporânea do então revolucionário conceito, pode-se aludir que o resultado de um processo de comunicação somente pode ser efetivamente aferido a partir da percepção do destinatário da mensagem. Esta reflexão derruba de forma peremptória quaisquer tentativas, por mais brilhantes que sejam em sua concepção retórica, de segmentação da forma e do conteúdo no contexto da comunicação. Cores, gestos, expressões, sons, silêncio, luzes e sombras interferem diretamente na percepção das mensagens, reforçam ou minimizam a informação, agradam ou frustram os parâmetros de julgamento do universo cognitivo do indivíduo e do inconsciente coletivo.

É exatamente isso o que ocorre na cadeia produtiva da comunicação gráfica. A percepção do conteúdo das mensagens impressas está condicionada à estética. Esta, portanto, não pode, jamais, ser subestimada em sua importância. O produto final de qualquer trabalho gráfico é um signo linguístico perfeito, constituído pelo conteúdo, a forma e os predicados da impressão. Quanto mais este signo for capaz de despertar a atenção, emocionar, produzir sorrisos e encantar as pessoas, mais eficiente terá sido a sua concepção.

Essas reflexões tornam muito clara a importância contemporânea do design para a comunicação e a indústria gráfica. Sei que afirmar isto é pura redundância. Porém, nunca é demais lembrar que, neste processo de transição cultural, tecnológica e comportamental da aventura humana em um novo século, a disputa pela atenção é infinitamente mais complexa e alucinante do que há cem anos, quando a comunicação gráfica praticamente não tinha competidores e a sociedade mundial não era uma compulsiva produtora de informações como esta maluca civilização da Era de Aquário. Também não havia o rádio, a televisão, a internet...

Por isso, torna-se fundamental entender que o design é, na estrutura dos signos da comunicação gráfica, fator decisivo para a percepção, estimulando ou arrefecendo as reações psíquicas às mensagens impressas. É, amigos, Saussure tinha razão. Assim, para nós, gráficos, só resta dizer aos designers: obrigado por existirem...

UM OLHAR SOBRE O DESIGN BRASILEIRO COMUNICAÇÃO & MARKETING MÁRIO CÉSAR DE CAMARGO

"Todas as Coisas e Eu", de Gal Costa, com regravações de antigas músicas do cancioneiro popular brasileiro; projeto gráfico de **Bia Lessa** e equipe, Cubículo Design.

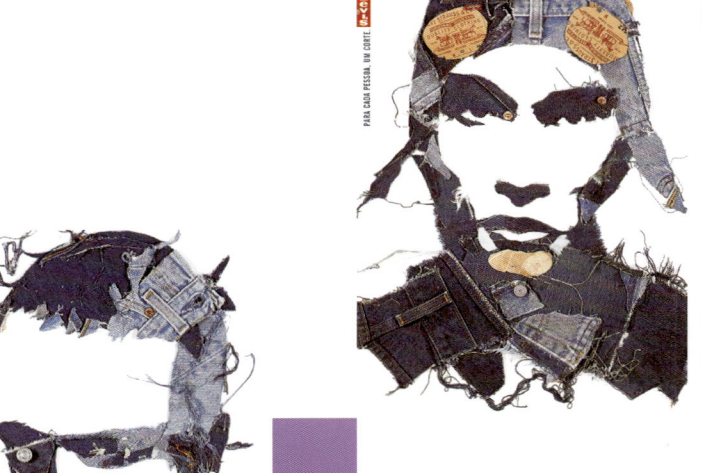

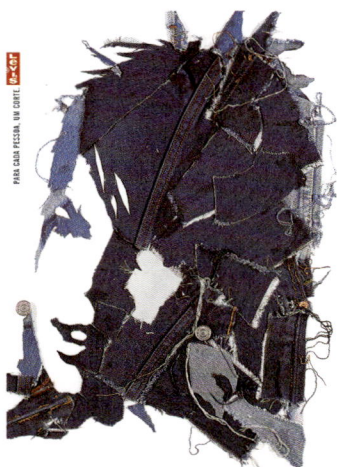

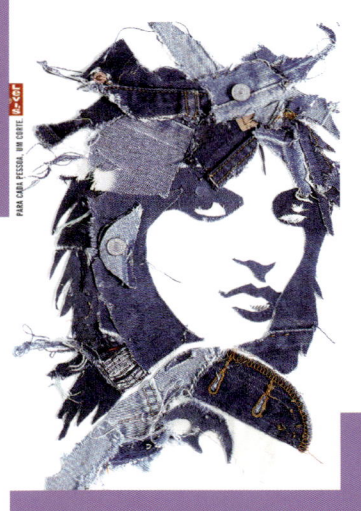

Cartazes da série "Rostos", inspirados nas colagens de retalhos de jeans Levi's do artista plástico Junior Lopes; de **Márcio Ribas**, **Isabella Paulelli** e equipe, **Neogama/BBH**, para Levi's, selecionados para a 7ª Bienal de Design Gráfico 2004.

Logotipo do Museu de Tecnologia, Comunicação e Artes Gráficas, projeto de **Diogo Pace**, agência e/ou mkt de relacionamento.

CLÁSSICOS & PIONEIROS
DESIGNERS QUE FIZERAM A HISTÓRIA

Alguns designers foram marcantes na história do design gráfico brasileiro – por seu pioneirismo, produção, influência sobre o setor, por seu trabalho de difusão ou por todos esses aspectos somados. Aloísio Magalhães, Ruben Martins e Luiz Cruz, cada um à sua maneira, fazem parte desse time.

ALOISIO MAGALHÃES

Ele é considerado um dos precursores do design brasileiro. No início dos anos de 1960, Aloísio Magalhães abriu um dos maiores escritórios de artes visuais do Rio de Janeiro, responsável por alguns ícones de nossa cultura contemporânea, como os símbolos da Fundação Bienal Internacional de São Paulo, do IV Centenário da cidade do Rio de Janeiro e do Sesquicentenário da Independência. Criou para o Banco Central do Brasil o padrão monetário do cruzeiro em 1967 e, para a Casa da Moeda, as notas do cruzeiro novo em 1976. Também são de sua prancheta a identidade visual para o Banco Nacional, Banespa, Companhia Souza Cruz e Petrobras. Participou ainda da fundação da Escola Superior de Desenho Industrial (Esdi), onde lecionou.

Em 1975, criou, e depois dirigiu, o Centro Nacional de Referência Cultural, que tinha por missão pesquisar, registrar e divulgar as manifestações culturais do povo brasileiro. Dirigiu o Instituto do Patrimônio Histórico e Artístico Nacional (IPHAN), onde criou a Fundação Nacional Pró-Memória; e, no início dos anos de 1980, foi secretário da Cultura do Ministério da Educação e Cultura (MEC), embrião do futuro Ministério da Cultura.

UM OLHAR SOBRE O DESIGN BRASILEIRO **COMUNICAÇÃO & MARKETING** MÁRIO CÉSAR DE CAMARGO

Marca da Campanha da Copa do Mundo de 1970.

Marca da Bienal de São Paulo.

Marca da Light.

Marca do Banco Nacional.

Marca do Unibanco.

Marca da Universidade de Brasília.

Marca das comemorações do IV Centenário do Rio de Janeiro.

LUIZ CRUZ

O designer Luiz Cruz, além de criador brilhante, foi um grande fomentador e divulgador do design brasileiro. Arquiteto e jornalista, especializou-se em desenho industrial na Itália em 1982 e pós-graduou-se na FAU-USP, em 1988. Participante ativo do Núcleo de Desenho Industrial (NDI) e depois do Departamento de Tecnologia (Detec) da Fiesp, promoveu concursos, exposições, debates – tudo o que despertasse o gosto do público e dos empresários para o bom design. Teve participação decisiva na publicação do primeiro guia de design feito no país e foi um dos grandes promotores do design nas escolas profissionalizantes do Serviço Nacional da Indústria (Senai).

Entre suas criações destacam-se a marca-logotipo do papel Report, da Cia. Suzano, em colaboração com Ellen Igersheime; a identidade visual para a empresa Comgral, em parceria com Marcio Granato; a programação visual e sinalização do edifício-sede da Rádio Jovem Pan; o desenho de um terminal de automação comercial para a PGM, em colaboração com Júlio Maia e João Nagano; o projeto de identidade visual para a Vasp. Uma das suas últimas criações, um cartaz para a Philips Components, foi selecionado entre os 14 trabalhos brasileiros apresentados no IV Salão Internacional de Cartaz, das Artes Gráficas e das Artes de Ruas, promovido pela Unesco.

Algumas marcas criadas por **Luiz Cruz**.

RUBEN MARTINS

Designer e artista plástico, Ruben Martins criou o que hoje podemos chamar de primeiro escritório de design brasileiro, a Forminform, em 1958, inicialmente em sociedade com Geraldo de Barros, Alexandre Wollner e Walter Macedo, depois, em voo solo. Ali surgiu mais de uma centena de trabalhos entre marcas, produtos, embalagens e campanhas publicitárias. Centro aglutinador e formador de designers, a Forminform também estabeleceu padrões de qualidade na comunicação institucional, com uma versatilidade de formas e soluções em que se destaca uma busca contínua pela expressão da identidade brasileira. Isso fica presente nas associações lúdicas que faz entre fundo, forma e cor, ou nas marcas onde combina produto e forma – para clientes de perfis muito variados, como Casa Almeida; mineradora Icomi; fios e componentes para eletricidade Marsicano; rede Tropical de Hotéis; ou Centro Industrial de Aratu.

Marca do Centro Industrial de Aratu.

Estudos de marcas.

Marca da Bozzano.

Marca da empresa brasileira Braspérola.

O MARKETING DESCOBRIU O DESIGN
ROBERTO DUAILIBI

ROBERTO DUAILIBI,
*é sócio-diretor da DPZ
– Duailibi, Petit e Zaragosa
Propaganda Ltda.*

Desde o nosso tempo de Escola de Propaganda (que precedeu a ESPM), aprendíamos que um dos maiores diferenciais no sucesso de um produto está no seu design, ou seja, em sua "anatomia", a própria forma ou sua embalagem.

Nas aulas do professor José Kfouri, um dos grandes redatores de todos os tempos, éramos informados que os publicitários, em busca do chamado USP (Unique Selling Proposition), deveriam analisar, no produto e seus concorrentes, sua anatomia, sua fisiologia e sua psicologia. A anatomia dos produtos estava no mesmo nível, ou até precedendo, sua fisiologia, sua fórmula química ou sua mecânica, e até sua psicologia ou o seu significado para o consumidor em sua relação com o mundo de pessoas e de objetos que o cerca. Dessa forma, para nós que trabalhamos em marketing, o design é realmente mais do que o desenho do produto, é seu desígnio, ou seu destino, seu futuro de sucesso ou fracasso. E na dinâmica do mercado, essa é uma preocupação diária, porque, por melhor que seja a posição relativa de um produto na preferência dos consumidores ou nas estatísticas de vendas, sempre pode aparecer um concorrente mais atraente para os instáveis gostos de cada época e cada circunstância.

UM OLHAR SOBRE O DESIGN BRASILEIRO **COMUNICAÇÃO & MARKETING** ROBERTO DUAILIBI

mam museu de arte moderna de são paulo

mam museum of modern art of são paulo

Campanha institucional do Museu de Arte Moderna de São Paulo.

Claro que da história do consumo sempre se pode selecionar aqueles desenhos que se eternizam, estando sua concepção acima dos caprichos da moda, às vezes tão enganadores.

O chamado "gosto" é um permanente obstáculo, ou desafio, à pureza das formas e das cores, e suas vítimas maiores são as embalagens, que, por melhores que sejam, acabam ficando velhas nas prateleiras aos olhos sempre ansiosos de novidades dos consumidores. Com o vestuário feminino, então, nem se fala, condicionando o design à voracidade de cada estação europeia e norte-americana. E até hoje não conseguimos uma moda criada para as condições climáticas e econômicas do país tropical em que vivemos – para a alegria, evidentemente, de muitos e muitas e tristeza de outros e outras.

Mas eu diria mesmo que o verdadeiro marketing definiu-se a partir do design, já nos primórdios da Era Industrial, e se expandiu quando os estúdios deixaram de lado os *staff artists* (praga que até hoje existe em algumas empresas) e assumiram a tarefa de redesenhar os produtos e as embalagens.

Hoje, com a globalização, houve uma espécie de igualdade geral em muitas categorias, o que significa também oportunidade para quem assume características locais. Nada explicaria o sucesso dos móveis de Bali se não fosse isso.

Embora todos os publicitários valorizassem o design, a DPZ foi a primeira agência a ter um estúdio dedicado unicamente à especialidade, a SAO. Meus sócios Francesc Petit e José Zaragoza são artistas gráficos muito voltados para o design e mesmo cada anúncio, para eles, assim como cada comercial de TV, é um problema de design.

Campanha institucional do Museu de Arte Moderna de São Paulo.

UM OLHAR SOBRE O DESIGN BRASILEIRO COMUNICAÇÃO & MARKETING ROBERTO DUAILIBI

Campanha institucional do Hotel Unique, em São Paulo, pela **DPZ**.

Marcas criadas pela **DPZ**.

UM OLHAR SOBRE O DESIGN BRASILEIRO **COMUNICAÇÃO & MARKETING** ROBERTO DUAILIBI

Descobrimento, cartaz institucional da Coca-Cola em homenagem aos 500 anos do descobrimento do Brasil, selecionado para a 7ª Bienal de Design Gráfico 2004.

*Press kit Carlton, especialmente desenvolvido para a Casa Cor Rio de Janeiro, por **Tátil Design** e **Ana Laet Design** para a **DPZ** e **3 Plus**.*

219

DO ARMAZÉM AO SUPERMERCADO
LINCOLN SERAGINI

220

UM OLHAR SOBRE O DESIGN BRASILEIRO COMUNICAÇÃO & MARKETING LINCOLN SERAGINI

LINCOLN SERAGINI *é diretor-presidente da Seragini Farné, membro do Conselho do Programa Marca Brasil Premium do Ministério do Desenvolvimento.*

Uma visão moderna sobre a função da embalagem não dispensa um olhar sobre a história. Durante séculos, tudo o que havia eram os ancestrais do barril. Sua função consistia meramente em conter e proteger o conteúdo. A era moderna é marcada pela evolução da comunicação, pelo aperfeiçoamento das artes gráficas até o *sales appeal*, que marca o início dos autosserviços. Esse desenvolvimento culminou com o primado da comunicação visual, na qual a embalagem substitui o vendedor no supermercado. Foi assim que, nos últimos 50 anos, a embalagem conheceu seu maior desenvolvimento no mundo inteiro, até mesmo no Brasil.

O supermercado, o maior sistema de vendas, representa cerca de 85% do abastecimento das populações. Os fabricantes, para terem sucesso, além da qualidade de seus produtos, precisam ter embalagens de qualidade. Na prateleira, elas são o vendedor silencioso, pois, além de conter e de proteger, vendem e promovem a marca. Cabe à embalagem atrair a atenção, despertar o interesse, acender o desejo, seduzir, refletir qualidade e preço, ganhar do concorrente e fechar a venda em segundos. Para cumprir tudo isso, é necessário, cada vez mais, de um "design científico" e não só artístico.

*Na página anterior, 5! – Criação de marca e embalagem pela **Seragini Farné**. A exclamação substitui o nº 1 e representa "uma boa ideia", o famoso slogan da marca.*

Sabonete Gessy em uma de suas primeiras embalagens. A empresa, criada por **José Milani** em Valinhos (SP), na década de 1920, é recordista em mudanças de embalagem no Brasil.

Tágide, perfume da Christian Gray em frasco representando a divindade das águas do mar, Iemanjá.

Os designers brasileiros têm acompanhado essa evolução. Embora ainda ocorra muita imitação, o design brasileiro de qualidade apresenta padrão mundial. Muitos projetos desenvolvidos para multinacionais aqui instaladas acabaram sendo adotados pelo mundo afora. O mesmo começa a acontecer com as embalagens de exportação, que serão a próxima grande onda do país. Os designers terão um grande papel a cumprir, principalmente para criar e imprimir uma "cara brasileira" aos nossos produtos. A seguir, alguns casos de sucesso das embalagens brasileiras.

Sabonete LUX, um dos mais famosos do mundo, em novo logotipo e rótulo com circulação em alguns países, da **Seragini Farné**.

UM OLHAR SOBRE O DESIGN BRASILEIRO **COMUNICAÇÃO & MARKETING** LINCOLN SERAGINI

Leite de Rosas em sua primeira embalagem, de 1929, quando o produto foi criado pelo seringalista **Francisco Olympio de Oliveira**, no Rio de Janeiro.

Biscoito Passatempo, design da embalagem dirigido para as crianças.

Nescau, marca reposicionada no Brasil e em outros países pela Nestlé, criação gráfica do rótulo BCH, com participação de **Seragini Design**.

Sucaretto, na original embalagem para açúcar, descartável, da **Seragini Farné**.

Nestlé, em embalagem tradicional com a espetacular cena de "appetite appeal" de um dos frades lambendo o dedo.

Guaraná Antarctica,
o Original do Brasil,
o mais autêntico
dos produtos brasileiros,
na versão 2002,
de **Narita Design**.

Bombom **Sonho de Valsa**,
uma das mais cultuadas
embalagens criadas
no Brasil; sua cor maravilha foi
desenvolvida pela
Toga na década de 1940.

Chandon,
obra-prima do design
de embalagens por
sua forma e grafismos,
premiada mundialmente,
de **Bench Design Total Brasil**.

Chocolate Charge, da Nestlé.

Perdix, marca mundial da Perdigão,
produto exportado para
os Estados Unidos, a Europa e a Ásia,
em embalagem de cores quentes
criada por **Seragini Farné**.

UM OLHAR SOBRE O DESIGN BRASILEIRO **COMUNICAÇÃO & MARKETING** LINCOLN SERAGINI

Tradicional embalagem do **Creme de Leite Nestlé**.

Sabonete Phebo, o primeiro sabonete sofisticado no Brasil, luxuosamente embalado, criado por **Mario** e **Antonio Santiago**, nos anos de 1920, usando essências da Amazônia.

Sedal, versão argentina do xampu seda, produzida pela **Seragini Argentina**.

Bombril, embalagem da famosa marca brasileira – versão 1999, de **Seragini Farné**.

PRÊMIO ABRE

A indústria da embalagem ocupa um espaço de destaque na economia brasileira. É uma atividade sofisticada, que mobiliza cerca de R$ 20 bilhões por ano, o equivalente a 1,3% do PIB, e emprega em torno de 150 mil pessoas, das quais parcela significativa é constituída por criadores. Para homenagear essas equipes, a Associação Brasileira de Embalagens (Abre) criou o Prêmio ABRE. Instituído no ano 2000, o prêmio já é reconhecido internacionalmente pela sua qualidade e seriedade e conta com o apoio do Programa Brasileiro de Design. O Prêmio ABRE é um estímulo e um reconhecimento às empresas que investem no desenvolvimento e no aprimoramento de seus produtos. Organizado em 25 categorias representativas de várias frentes de utilização de embalagens no país, destaca aquelas que se diferenciam por sua estrutura, funcionalidade e design. As vencedoras recebem grande destaque nacional, são expostas nas principais feiras mundiais e podem concorrer ao prêmio WorldStar, da Organização Mundial da Embalagem (WPO), que apoia o Prêmio ABRE. Veja algumas das embalagens que receberam o Prêmio Abre nos dois últimos anos.

Skol Beats,
Narita Design,
produzida por Cisper S.A., para a Ambev.

Coca-Cola Fashion Week,
produzida pela Sleever-Cisper, para a Coca-Cola.

UM OLHAR SOBRE O DESIGN BRASILEIRO COMUNICAÇÃO & MARKETING LINCOLN SERAGINI

Free for Life,
design **Brand Marketing**,
produzida por
Magistral Impressora,
para SLC Alimentos.

Santal,
100% Design,
produzida pela
Tetra Pak, para
a Parmalat Brasil.

Extra Flakes,
BrandGroup Design e Comunicação, produzida por
New Graphic Ind. e
Com. de Embalagens Ltda.,
para o Extra Hipermercados.

GRANDES CASES DE EMBALAGEM

A premiação Grandes Cases de Embalagem foi instituída em 2007, com o nome de Prêmio Embalagem-Marca – Grandes Cases de Embalagem. Criada por estímulo de sugestões e solicitações de profissionais e empresários da cadeia de valor da embalagem no Brasil, materializou-se após cuidadosos estudos da equipe da revista EmbalagemMarca.

Ao formatá-la, a equipe ponderou, entre outros cuidados adotados, que a premiação deveria revestir-se dos mesmos atributos básicos que deram à revista a credibilidade de que passou a desfrutar já poucas edições depois de seu lançamento, em junho de 1999. Vale dizer, os atributos que levaram o público a vê-la como a mais importante publicação do setor, caracterizada por transparência, neutralidade, equilíbrio no julgamento dos fatos e esforço para refletir a realidade do mercado.

A fim de reforçar seu caráter institucional e remeter de imediato ao fundamento básico da premiação, que é o reconhecimento aos projetos efetivamente propiciadores de resultados à cadeia de valor da embalagem, a iniciativa passou em 2012 a denominar-se Grandes Cases de Embalagem, e EmbalagemMarca passou a ser sua mídia oficial. No setor, a premiação é cotejada com iniciativas congêneres, mas delas se diferencia totalmente, pois os critérios de avaliação dos cases inscritos baseiam-se na análise sistêmica e não no método limitante de "categorias".
(*www.grandescases.com.br*)

DVD Rouge*,*
design **Sony Music Entertainment***,*
produzida pela Rigesa Celulose,
Papel e Embalagens,
para a Sony Music Entertainment.

UM OLHAR SOBRE O DESIGN BRASILEIRO **COMUNICAÇÃO & MARKETING** LINCOLN SERAGINI

Baycolor,
*design de **Müller Associados***
***Marketing e Comunicação**,*
produzida por
Ibratec Artes Gráficas Ltda.,
para a Bayer S.A.

Sopas Instantâneas Knorr,
*design **Usina Escritório de Desenho**,*
produzida por Inapel Embalagens,
para a Unilever Bestfoods.

*Troféu do **Prêmio***
***EmbalagemMarca**,*
elaborado pelo designer
***Karim Rashid**.*

***Omo Progress** com janela,*
***Rex Design**, produzida*
por Dixie Toga S.A.,
para a Unilever do Brasil.

O DESIGN NA TELINHA
MARCOS MENDONÇA

Entender que o design brasileiro pode ser o nosso diferencial, a nossa referência, é raciocínio essencial, neste mundo globalizado, especialmente para aqueles que trabalham com esta mída incrível que é a televisão. Afinal, dados do Ministério das Comunicações estimam que atualmente haja por aqui cerca de 65 milhões de aparelhos de TV, fatia significativa do bolo de 400 milhões de toda a América Latina.

Valorizar e tornar cada vez mais conhecido o design, o trabalho de nossos criadores pátrios é a melhor fórmula, acredito, para encararmos os efeitos perversos da globalização, antes que ela nos leve à total falta de identidade cultural, já que a universalização dos produtos e, especialmente, da comunicação traz uma realidade com poucas nuances regionais. Daí a constatação de que nossas raízes, o sentimento e a criatividade dos brasileiros podem, através do design das vinhetas, da abertura dos programas, dos objetos utilizados nos cenários, atingir a cada um dos espectadores destes 65 milhões de aparelhos, uma informação que nos dá a dimensão e a amplitude do espaço que a televisão oferece ao design nacional.

MARCOS MENDONÇA
*é presidente
da Fundação
Padre Anchieta
– Rádio e TV Cultura
de São Paulo.*

UM OLHAR SOBRE O DESIGN BRASILEIRO COMUNICAÇÃO & MARKETING MARCOS MENDONÇA

Pranchas para animação de
Rui de Oliveira,
design gráfico pioneiro na
produção de vinhetas para a
televisão brasileira.

Temos de respeitar isso e saber aplicar essa criatividade, referências de nossa cultura, dando à nossa programação a cara do Brasil, oferecendo o que nossos criadores têm de melhor aos nossos jovens, às nossas crianças, numa ação que é, sim, sinônimo de cidadania.

Mostrar o nível, os reflexos, a sofisticação, a individualidade e a paixão de ser um profissional do design, num país como o nosso, onde as dificuldades mais primárias de sobrevivência ocupam todos os espaços é também, acredito, função da televisão.
Abrir caminhos àqueles que, usando o que o brasileiro tem de melhor, que é sua ilimitada criatividade, faz parte da missão de uma emissora pública, como a TV Cultura.

Por isso mesmo meu compromisso com o design brasileiro, com seus criadores, com aqueles que a cada traço, a cada momento de inspiração reforçam nossa brasilidade, transformando sua imaginação em produtos cuja qualidade supera até mesmo os padrões internacionais.

Logos de programas da TV Cultura, Fundação Padre Anchieta, São Paulo.

O SELO DO DESIGN
JÔ OLIVEIRA

234

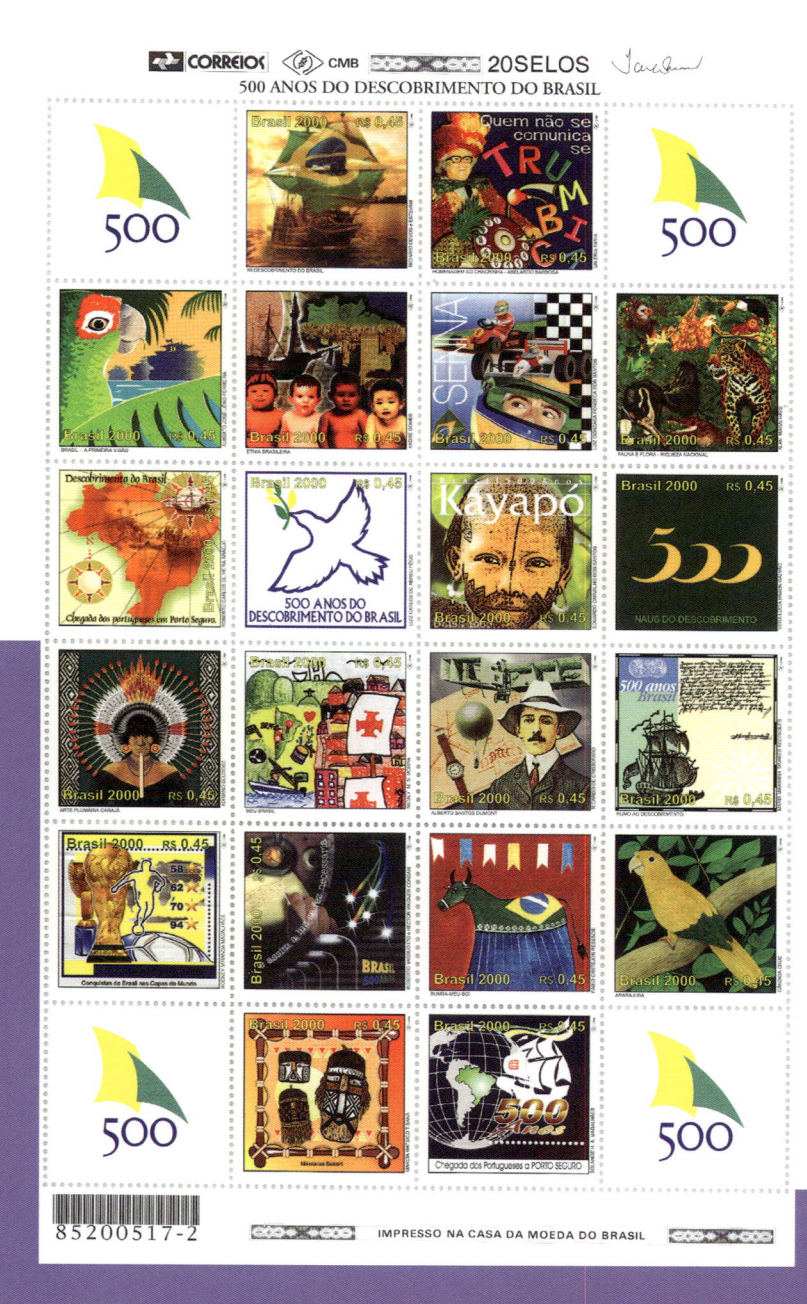

JÔ OLIVEIRA é
*formado em artes gráficas
pela Escola Nacional de
Belas Artes do Rio de Janeiro e em
comunicação visual na
Escola Superior de Artes
Industriais da Hungria;
ilustrador de livros de literatura
infantil, quadrinhos e selos postais,
tem vários trabalhos premiados no
Brasil e no exterior.*

O selo é talvez a única expressão gráfica a alcançar um público muito extenso e a ter a sua permanência e memória asseguradas por diversas práticas filatélicas. Essas pequenas peças de design gráfico, após o lançamento, espalham-se rapidamente pelo mundo todo. São exibidas com orgulho em exposições filatélicas e incluídas em acervos dos museus postais. O selo é uma expressão da cultura e da identidade do país que o emite e, embora tenha um caráter oficial, já faz parte do acervo artístico da humanidade.

O primeiro selo postal, o Penny Black, surge em 1840, na Inglaterra, fruto de um programa de reorganização dos serviços postais. O Brasil foi o segundo país a adotar o selo no serviço postal. O imperador D. Pedro II, em 1842, anunciava que o porte de carta deveria ser pago por meio de selos de 20, 60 e 90 réis.

O primeiro selo brasileiro, o Olho de Boi, surge no ano seguinte, 1843, em três versões, uma para cada tarifa. Graficamente, parecia com uma letra capitular, mas focalizava apenas o preço do porte da carta, escrito com uma tipologia rebuscada sobre um fundo oval com tramas próprias das cédulas de dinheiro. Os três selos foram impressos em preto.

*Na página anterior,
selos comemorativos
da série 500 Anos
do Descobrimento
do Brasil, diversos artistas,
emitidos em 22/4/2000.*

Em 1866, os selos brasileiros já estampavam a efígie de D. Pedro II, sempre monocromáticos e emoldurados com pesados motivos gráficos ao gosto da época. Mesmo com a Proclamação da República, esse estilo não mudou muito. A efígie de D. Pedro II foi substituída pela alegoria da República e, depois, pela alegoria dos presidentes, nos chamados selos ordinários (comuns ou não-comemorativos). Em 1900, a passagem dos 400 anos do país inaugura uma nova fase: a dos selos comemorativos.

Um concurso nacional escolheu quatro artistas para desenvolver selos temáticos: Descobrimento, Independência, Abolição e República – o selo da Independência foi impresso em duas cores. A partir daí surgem selos com paisagens, figuras de corpo inteiro, caravelas, cavalo, entre outros motivos. Mas o papel, o layout e as ilustrações ainda eram de baixa qualidade.

Esse quadro apresenta mudanças significativas a partir da criação da ECT, em 1969, quando a Casa da Moeda foi reequipada e o artista ítalo-brasileiro Gian Calvi inovou o layout. O espectro de temas ampliou-se: esporte, folclore, cultura, literatura, meio ambiente, fauna, flora. Diversos artistas passaram a colaborar com seus trabalhos e o Brasil começou a colecionar prêmios internacionais.

Em 1974, foi lançado aqui o primeiro selo do mundo em Braile e, em 1989, o segundo selo mundial com imagens tridimensionais (holográfico). Em 1999, mais uma grande inovação: uma quadra sobre prevenção de incêndios florestais, impressa em papel reciclável, com aroma de madeira queimada. Hoje, seja pelo seu pioneirismo, seja pela arte revelada, o selo brasileiro está entre os melhores do mundo.

Literatura de Cordel,
História da Imperatriz Porcina
e *Romance do Pavão Misterioso*,
série "Lubrapex", 1986,
de **Jô Oliveira**, XI Exposição Filatélica
Luso-Brasileira, 21/11/1986.

UM OLHAR SOBRE O DESIGN BRASILEIRO COMUNICAÇÃO & MARKETING JÔ OLIVEIRA

Selo comemorativo dos 150 anos da 1ª publicação em braile, de **Biaggio Mazzeo**, *20/11/1974*.

Reisado e Caboclinhos, da série "Folguedos e Bailados Populares", de **Jô Oliveira**, *22/8/1981*.

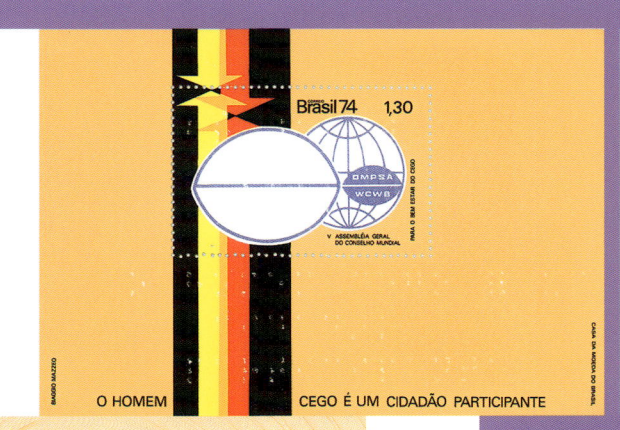

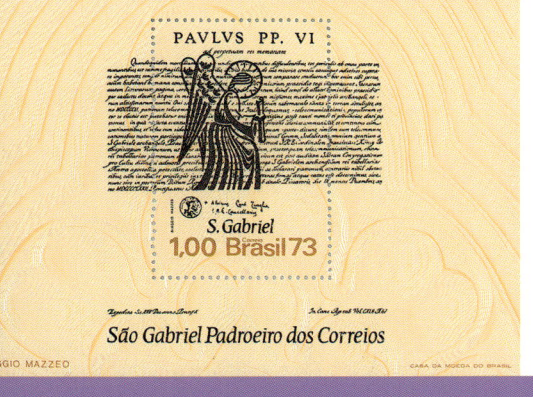

Selo comemorativo da 1ª Exposição Filatélica Internacional, *Rio de Janeiro, 22/10/1938*.

São Gabriel, Padroeiro dos Correios, de **Biaggio Mazzeo**, *29/9/1973*.

Série de Selos *"Inclinados"*, 1844.

Série de selos *"Verticais"*, conhecidos como Olho de Cabra, 1850.

Série de selos *"Coloridos"*, conhecidos como Olho de Gato, 1861.

IV Centenário da Fundação de São Vicente, 3/6/1932.

Série **IV Centenário do Descobrimento do Brasil**, 1/1/1900.

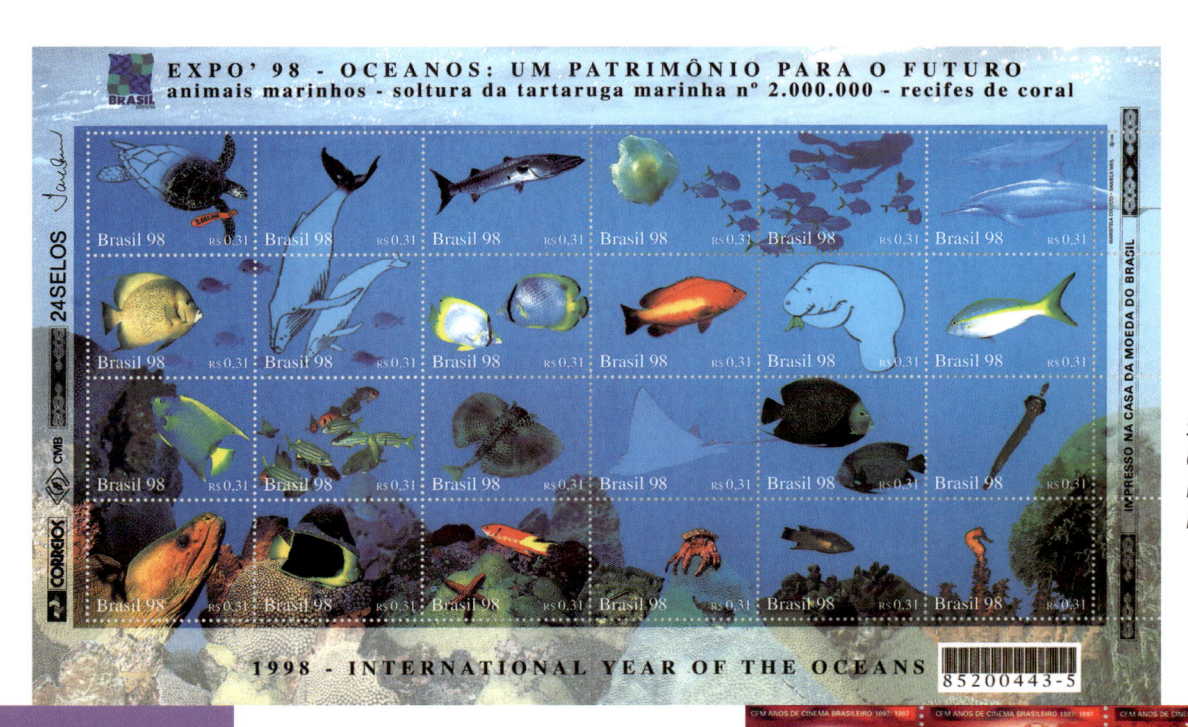

UM OLHAR SOBRE O DESIGN BRASILEIRO **COMUNICAÇÃO & MARKETING** JÔ OLIVEIRA

Selos comemorativos da Expo'98 – Oceanos: um Patrimônio para o Futuro, de **Maristela Colucci** *e* **Daniela Weil**, *22/5/1998.*

Selos comemorativos dos Cem Anos do Cinema Brasileiro, de **Sílvia Steinberg** *e* **Marcellus Schnell**, *24/7/1998.*

Selos holográficos, comemorativos da 20ª Bienal Internacional de São Paulo de **Carlos Horcades**, *1989.*

DESIGN & MERCADO

240

Linha de perfumes **Faces**, da Natura;
embalagens da equipe **Natura**,
selecionadas para a 7ª Bienal de
Design Gráfico 2004.

As formas da sedução
JOÃO CARLOS BASÍLIO DA SILVA

JOÃO CARLOS BASÍLIO DA SILVA
é diretor-presidente
da Química Rastro Ltda.,
presidente da Abihpec
e do Sipatesp, diretor
do Centro das Indústrias
do Estado de São Paulo (Ciesp),
vice-presidente
do Conselho da Cetesb e
conselheiro da Associação
Brasileira de Anunciantes (ABA).

Podemos usar o nosso corpo como um objeto estético, capaz de comunicar e evidenciar as relações sociais. Essa interpretação não passa só pela relação do corpo com a moda, mas também pela relação do corpo com a maquiagem e com os perfumes.

A pintura do rosto não cumpre apenas a função de proteger a pele contra a ação do vento, do sol e da chuva. Ela é também um item de sedução que proporciona um visual mais belo, chegando, às vezes, a alterar os traços das pessoas. A maquiagem e os perfumes comunicam um comportamento; sugerem calma, ousadia, mistério.

Assim como as vestes e a maquiagem, os perfumes também transmitem características. Fragrâncias mais leves costumam acompanhar pessoas mais delicadas, as mais fortes acompanham pessoas mais ousadas. E as fragrâncias também devem ter uma relação intrínseca com o frasco e a embalagem em que se apresentam. Os perfumes têm inúmeras classificações – adocicado ou cítrico, por exemplo –, que devem ser percebidas pelo consumidor em seu primeiro contato com o produto. Para a perfumaria masculina, o frasco deve ser mais resistente, prático, com características mais discretas. Para as mulheres, os designers podem ser bem mais arrojados, irreverentes, inovadores.

Essa relação entre essência e forma faz parte da história dos perfumes. Desde os tempos antigos, eles encantam e seduzem não apenas pelo seu cheiro, mas também pelos diferentes formatos e materiais em que se apresentam.

UM OLHAR SOBRE O DESIGN BRASILEIRO **DESIGN & MERCADO** JOÃO CARLOS BASÍLIO DA SILVA

Família de produtos
Bons Sonhos, de La Façon,
embalagens de **WR Comunicação**,
Prêmio Abre 2002.

Colônia Ápice, da Skin Hair,
embalagem de
Maria Rosângela F. S.Teixeira,
Prêmio ABRE 2002.

O cheiro é fundamental, mas para que a pessoa tenha curiosidade e se sinta motivada a sentir o odor, o visual tem de atrair, a embalagem e o frasco têm de seduzir. A nossa perfumaria tem um projeto de design bem desenvolvido, com mais de 30 anos de tradição, rica em experiências. Um dos marcos dessa história de inovações foi o lançamento do Rastro, nos anos de 1960. A embalagem era diferente e o frasco tinha uma tampa de vidro – as tampas eram feitas individualmente, uma para cada frasco. O produto oferecido no mercado era artesanal.

O Rastro inovou ao introduzir a sofisticação dos grandes perfumes em um produto popular e o resultado foi um fantástico sucesso de vendas durante anos. Outra história de sucesso veio com O Boticário, que ficou durante anos com aquela imagem da ânfora como marca registrada. Até hoje, apesar de a imagem pouco aparecer no portfólio da empresa, ela não foi abandonada totalmente. A Natura, por sua vez, inovou com frascos exclusivos para cada produto.

A partir dos anos de 1980, a busca de maior personalização dos produtos vem se traduzindo em casos de sucesso para a perfumaria brasileira. Os melhores designers de frasco do mundo já fizeram criações para produtos brasileiros. A nossa perfumaria superou o vidro standard, ela se enriqueceu. O consumidor já se acostumou à diversidade e sofisticação e exige isso. Qualquer deslize pode redundar em um fracasso na comercialização do produto.

Perfume Luiza Brunet, da Avon, embalagem **M Design**, Prêmio ABRE 2003, selecionada para a 7ª Bienal de Design Gráfico 2004.

No Brasil, a liderança da perfumaria está nas mãos de empresas brasileiras. As multinacionais que trabalham nesse segmento no país só obtêm resultados positivos se desenvolverem seus produtos localmente. Trazer perfumaria de fora e recriar no mercado brasileiro não é uma garantia de sucesso. A globalização não se traduziu em uma universalização do cheiro. Embora as empresas internacionais sejam levadas a fabricar o mesmo produto em diferentes países, as fragrâncias não têm igual aceitação em todo o mundo.

Podemos seguir a tendência que está fazendo sucesso internacional, mas ela deve ter uma pitada brasileira, uma sensação refrescante, mais adequada ao nosso clima tropical, por exemplo.

A área dos cosméticos representa outro tipo de desafio para os designers. As embalagens devem ser seguras, práticas, de fácil manuseio e, ao mesmo tempo, bonitas e, às vezes, luxuosas.

O design do estojo precisa ser primoroso e econômico, sintético – afinal a maquiagem é carregada em bolsas, comumente pequenas. O batom tem de deslizar corretamente pelo suporte – existem suportes que são verdadeiras joias e, nesses casos, existe um refil para batom.

Coisa mais linda, linha Vinicius de Moraes, perfume da Avon.

Perfume Tarsila, de O Boticário.

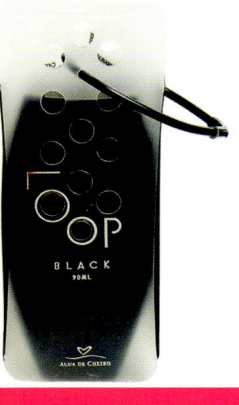

Colônias Loop, da Água de Cheiro, embalagem **New Design**, selecionada para a 7ª Bienal de Design Gráfico 2004.

O design das embalagens também pode mudar conforme os costumes. Passar batom já é um hábito tão incorporado que muitas mulheres, familiarizadas com a própria boca, dispensam o espelhinho. Com isso, dificilmente hoje se encontra no mercado aquele porta-batom com espelho, que já foi indispensável. O produto se apresenta sozinho. Outra mudança relacionada ao batom é o grande consumo de gloss, o brilho labial – mais fino, fácil de guardar na bolsa e não derrete. A adaptação ao clima é e sempre será importante no Brasil.

Sesto Senso, da Jafra Cosmésticos, embalagens criadas pela **Packing Design**.

*Porta-perfume de **Elizabeth** e **Eduardo Prado**.*

Na cosmética, nossa cultura de embalagens é mais recente ainda, tem pouco mais de dez anos. As empresas que mais se destacam também são a Natura e O Boticário, embora elas importem a maioria das embalagens. Além delas, temos no mercado muitos produtos importados de marcas internacionais ou produtos populares, simples, que não têm a preocupação de inovar na forma, nos materiais e na tecnologia de apresentação utilizada. É outro estilo: guiado pelo preço, o objetivo do fabricante é colocar o produto dele dentro de uma embalagem mais barata possível.

Os produtos infantis, como são manipulados pelas mães, são produzidos para agradá-las. Devem ser associados a brinquedos, leveza. Precisam ser seguros, a tampa não pode ser facilmente aberta pela criança, a tinta utilizada no produto tem de ser de ótima qualidade. Nos artigos de higiene pessoal, o grande objetivo é a praticidade e a segurança. O creme dental, por exemplo, é usado por toda a família e o design deve buscar resistência, facilidade de manuseio e um conceito de apresentação que atenda dos mais jovens aos mais velhos. Um visual que filhos, pais e avós estejam acostumados a ver.

Apesar das restrições, nos três segmentos – cosmética, perfumaria e higiene pessoal –, o desafio é encontrar uma solução harmoniosa entre embalagem, frasco, lacre, invólucro que atenda às exigências do mercado. É um bom desafio para o design brasileiro.

Perfume Doppio, da Jafra Cosméticos, embalagem da **Packing Design**.

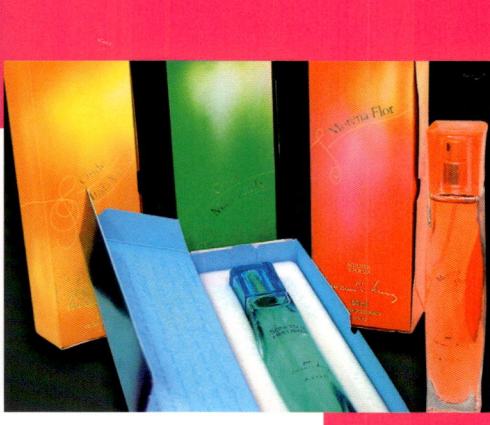

Coleção de perfumes **Mulher & Poesia** *por Vinicius de Moraes, da Avon, embalagens* **M Design**, *Prêmio ABRE 2002.*

UM CRIADOR DE ÍCONES

Ele, sem falsa modéstia, se considerava um esteta. Vinicius de Moraes dizia que seu trabalho "recriava a natureza para o mais bonito". Pietro Maria Bardi o chamava de "o último dos dandis". Carlos Drummond de Andrade elogiou um de seus livros. Todas essas referências são verdadeiras quando lembramos do empresário, designer e estilista Aparício Basílio da Silva. Sua trajetória profissional começou em 1956, quando, aos 20 anos, abriu a Casa Rastro na capital paulista. A loja, um ícone de estilo, oferecia peças de design exclusivo, feitas artesanalmente em produção limitada: brincos, colares, pulseiras, vestidos com pinturas especiais, sandálias, bolsas de tecido, biquínis de crochê, alta-costura, cerâmica e objetos de decoração. Em 1962, inaugurou a Casa Rastro do Rio de Janeiro, ainda mais sofisticada.

É a partir de 1975 que começa a trilhar o caminho de empresário bem-sucedido. Fecha as lojas e abre a indústria de perfumes Rastro, na qual aplicará seus dotes de designer, cuidando de toda a comunicação visual da perfumaria. Dos frascos de perfumes e talcos, passando pelo formato dos sabonetes e das embalagens, tudo que saía da linha de produção era concebido por ele. Os produtos Rastro surpreenderam por sua identidade visual primorosa, marcada pelo seu logotipo manuscrito. Conquistaram uma fatia de mercado e transformaram-se em clássicos de nossa cosmética e perfumaria.

*Produtos **Rastro**, clássicos de nossa cosmética e perfumaria.*

UM OLHAR SOBRE O DESIGN BRASILEIRO DESIGN & MERCADO JOÃO CARLOS BASÍLIO DA SILVA

Sundown Kids, Johnson & Johnson, design do rótulo de **Seragini Farné**, Prêmio ABRE 2003.

Sabonete gel para banho **Lorence**, de Kanitz 1900 Cosméticos Ltda, Prêmio ABRE 2003.

Preservativos distribuídos gratuitamente pelo Ministério da Saúde em 2003, embalagens de **Isabela Faria** e **Masanori Oashy**, selecionada para a 7ª bienal de Design Gráfico de 2004.

A ALMA DOS BRINQUEDOS
SYNÉSIO BATISTA DA COSTA

250

UM OLHAR SOBRE O DESIGN BRASILEIRO DESIGN & MERCADO SYNÉSIO BATISTA DA COSTA

SYNÉSIO BATISTA DA COSTA é
presidente da
Associação Brasileira dos
Fabricantes de Brinquedos (Abrinq).

Na página anterior, bonecas Emília produzidas artesanalmente e vendidas na rua, em Taubaté, SP.

Design é a alma do brinquedo. No mundo globalizado, a empresa que detém o design é a dona do produto. A tendência mundial são as fábricas locais virarem simples fornecedoras de mão de obra para os grandes grupos internacionais que dominam o setor. Se as empresas nacionais não tiverem cuidado, os donos do design podem vir a dominar o negócio.

É nesse contexto que o Brasil tem se esforçado para diminuir sua dependência do design externo. Há cinco anos, essa dependência era da ordem de 95%. Felizmente, graças ao incentivo a mais de 3 mil criadores nacionais independentes, já conseguimos reduzir esse percentual para algo inferior aos 85%.

A concorrência externa tem por base grandes criadores, como a Disney e a Warner, mas estamos conseguindo criar brinquedos a todo o momento, construindo uma massa crítica para minimizar a dependência do design internacional. Os materiais empregados na fabricação de brinquedos no Brasil vêm se mostrando adequados. A Norma Brasileira de Fabricação de Brinquedos é atendida por todo o setor, de forma a proporcionar produtos seguros para a saúde de seus pequenos consumidores.

O design brasileiro de brinquedos já tem 60 anos de tradição e vem mostrando grande potencialidade em praticamente todos os segmentos. Nossas bonecas ingressaram no século XXI e muitas delas foram vestidas por estilistas famosos. Os jogos ganharam temas modernos e são cada vez mais convidativos. A expressão dos bichinhos de pelúcia provoca ternura. Brinquedos de plástico, como carrinhos, passaram por diversas atualizações. Velocípedes e patinetes convivem com jipes motorizados de última geração.

Artistas de televisão inspiram novos produtos e temáticas perenes para nossas crianças, como as personagens do programa Sítio do Pica-Pau Amarelo que têm sido resgatadas com sucesso. Essa renovação engrandece uma linha que mantém ícones como o Banco Imobiliário e outras criações dos designers brasileiros de outros tempos.

Nossos designers também contam com uma grande área para explorar: as mitologias brasileiras, com seus sacis-pererês, iaras e cucas; nossa vasta história, que inclui, por exemplo, o rico período imperial; nosso meio ambiente; as tradições, brinquedos e brincadeiras populares do interior, etc.

Trenzinho de brinquedo de plástico.

Super Kart Turbo, da **Brinquedos Bandeirantes**.

Motoban da Emília, desenvolvido pela equipe da **Brinquedos Bandeirantes**.

Originalidade e criatividade são essenciais nesse mercado extremamente competitivo. Nos últimos cinco anos, dos 12 mil brinquedos inventados anualmente, 2 mil são lançados e, destes, 1.500 sobrevivem depois da depuração feita por lojistas e clientes. O restante é simplesmente desprezado.

A indústria brasileira é relativamente nova, em comparação à de países como Alemanha, França, Inglaterra, Estados Unidos, onde há formação de especialistas na criação de brinquedos e jogos. É o caso, por exemplo, da Escola Superior de Estilismo Industrial, na cidade de Halle, Alemanha. São cinco anos de curso cujo programa é estabelecido pelos professores com a participação da iniciativa privada.

Fogão de lata, brinquedo tradicional da cultura brasileira.

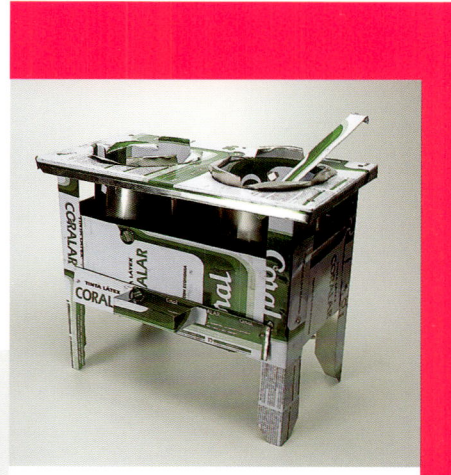

Fantoches, bonecos elaborados pela **Escola Projeto**, *São Paulo, SP.*

Carrinho Nosso Pão, de **Milton Cruz**, *em folha de flandres, coleção Galeria Brasiliana.*

Conjunto de tradicionais brinquedos de praia, de **Plásticos Nillo**.

As universidades brasileiras com suas faculdades de Arquitetura, Belas Artes, Engenharia, Educação, Desenho Industrial estão procurando, cada vez mais, dar condições a seus alunos de criarem objetos de bom design, de tecnologia avançada e de qualidade, incluindo em suas cadeiras o processo de criação e desenvolvimento de jogos e brinquedos.

A indústria de brinquedos representa no mercado um dos setores mais dinâmicos em termos de criação. A experiência de criar brinquedos e jogos é de tal forma envolvente que o processo chega a ser muito divertido para quem faz. Imaginação, inteligência, motivação e, principalmente, persistência são características bem próprias para os designers da área. Além disso, é preciso identificar diariamente as necessidades das novas gerações de crianças.

O processo de criação atrai, em geral, quem sempre se interessou em saber como as coisas funcionam. Criar um brinquedo é um grande quebra-cabeça. E a curiosidade é a origem de toda esta brincadeira de gente grande.

Ter uma boa ideia, entretanto, não é suficiente para criar um brinquedo ou jogo. É preciso consumir horas de trabalho e dedicação em pesquisa, observar as crianças enquanto brincam, o uso e a interpretação que fazem dos objetos que manuseiam, as simulações, as reações em face de situações novas e a sua capacidade criativa. O trabalho de criação e o conhecimento de ciências sociais, de parâmetros econômicos, técnicos e tecnológicos são imprescindíveis. O caminho do brinquedo industrializado é o da tecnologia, da sensibilidade, da experiência e da criatividade.

War II, edição 2002, de **Eduardo Pasquale Quélho**, Grow.

Bidu, cãozinho em pelúcia e fibra sintética, personagem da Turma da Mônica, de **Mauricio de Sousa Produções** e **Maritel**.

O designer de brinquedos vale-se das próprias crianças, da família e dos amigos, de visitas a escolas e brinquedotecas, de leituras e de entrevistas com especialistas. Assim, ele passa a conhecer a importância do brinquedo na formação e no desenvolvimento da criança. Adquire algumas noções de ergonometria, psicologia infantil. Conhece as técnicas usadas para a produção de brinquedos em plástico, tecido, vinil, borracha, madeira, cartão, metal e pelúcia.

Quando o projeto chega à indústria, ele passa por gente experiente e crítica. Novos desafios são lançados, até que a ideia seja aprovada e se faça o primeiro protótipo para testes, para posterior produção.

Trilha do Tesouro, jogo integrante da edição especial da revista Recreio, da **Editora Abril**, com patrocínio dos sucrilhos Kellogg's, indicada para a 7ª Bienal de Design Gráfico 2004.

Banco Imobiliário, tradicional jogo norte-americano, adaptado e produzido no Brasil pela **Estrela**.

Boneca Susi, vestida de aeromoça, produzida pela **Estrela**.

INOVAÇÃO COMO OBJETO DE DESEJO
EUGÊNIO STAUB

EUGÊNIO STAUB é presidente da Gradiente Eletrônica S.A.

Mercedes Valadares Ribeiro era, no início da década de 1960, uma jovem bonita, talentosa, dotada de bom gosto, ótimo senso estético e muito consciente de seu tempo. Não havia sido, ainda, disseminada a profissão de designer, mas ela já era legítima representante dessa nova classe profissional.

Por sua proximidade com os jovens que fundaram a Gradiente, foi convocada para pôr em prática um dos fundamentos da nova companhia: a crença de que um design moderno e agradável era a condição *sine qua non* para o sucesso. De fato, de sua prancheta, montada na sala de estar de sua casa, saíram os painéis e botões para os primeiros aparelhos da Gradiente.

Por obra da percepção apurada daqueles jovens e do lápis arguto de Mercedes, a Gradiente provocou uma revolução no desenho industrial de produtos eletrônicos. Mais tarde, na década de 1970, Michael David Pimentel, desenhista industrial, realizou tarefa análoga na principal concorrente da Gradiente naquela década, que foi a Polyvox. Em 1979, com a união da Polyvox com a Gradiente, Michael assumiu todas as funções de design e desenvolveu o departamento de uma forma muito profissional, com um grupo grande de designers, liderado por ele. Com esse segmento, a Gradiente, inspirada no que existe de melhor nas tendências internacionais, com uma pitada de criatividade brasileira, vem produzindo uma diferença competitiva importante para nossa marca, que está completando 40 anos.

UM OLHAR SOBRE O DESIGN BRASILEIRO DESIGN & MERCADO EUGÊNIO STAUB

Antena parabólica ***Gradiente*** *produzida especialmente para a SKY, serviço de tevê por assinatura via satélite.*

Por tudo isso, conclui-se que nós, da Gradiente, atribuímos ao design, desde o primeiro momento, um papel muito importante, ao lado da alta tecnologia, da qualidade e dos aspectos comerciais. Ou seja, o design, num bem de consumo, é um fundamento que não pode ser desprezado em nenhuma atividade industrial.

Mais recentemente, atribuiu-se importância ao design também em bens de capital: um torno tem de ser bonito e funcional, assim como uma prensa, um guindaste, e assim por diante. De forma que a estética, hoje, é importante em todos os bens de consumo, de toda natureza, até os de capital. Por isso, os consumidores foram se tornando mais exigentes, e essa exigência tem envolvido um contínuo avanço do design.

Nos últimos dez anos, o design conquistou um importante aliado, por meio da computação gráfica. Essa poderosa ferramenta, proporcionada pela evolução da indústria de computação, trouxe para os produtos em geral, e em particular para os eletrônicos, formas mais orgânicas e inovadoras. Isso propicia aos designers maior liberdade na criação de formas e objetos anteriormente difíceis de executar. Hoje é possível modelar virtualmente objetos e produtos em três dimensões, usando-se softwares especializados. Uma vez prontos, esses modelos podem ser transmitidos via Internet para qualquer parte do planeta. Esses mesmos arquivos são transformados em programas de usinagem em máquinas que reproduzem fielmente as formas na construção de moldes industriais. Se fizermos uma reflexão sobre os últimos 20 anos, podemos identificar com facilidade diversas marcas e diversos produtos que gozavam de reconhecimento mundial e que desapareceram completamente, enquanto outros conservaram a posição de liderança.

Primeiro Gradiente,
gravador com microfone destinado ao público infantil nos anos de 1980.

Televisores gradientes 14 polegadas,
pioneiro no Brasil em múltiplas cores.

Conseguiram sucesso as empresas que se mantiveram constantemente capacitadas a trazer produtos inovadores ao mercado. Não importa, portanto, quanto sucesso a empresa faz no momento; se falhar na criação e inovação de produtos, gradativamente vai perder reputação e ficará relegada à obscuridade, ou, então, será lembrada como uma empresa de sucesso do passado. Empresas de sucesso não ficam à espera da inovação por acaso; elas mantêm um sistemático processo de pesquisa para seus produtos.

Centrada na busca da inovação e diferenciação, a Gradiente fundou em 1999 o Instituto de Tecnologia Genius, sediado em Manaus. Esse instituto tem como missão desenvolver novas tecnologias para aplicação futura nos produtos da marca. Está instalado em um prédio de 2 mil metros quadrados, e conta com um seleto grupo de engenheiros, mestres e doutores, brasileiros e estrangeiros, alguns dos quais repatriados, atraídos pela iniciativa de instalar no Brasil um instituto dessa magnitude.

Confirmando a vocação da empresa no desenvolvimento do design e na perenidade do processo de inovação, esse instituto conta com um grupo de designers que trabalha no estudo e desenvolvimento de tendências de estilo para aplicação nas linhas de produtos do futuro.

Televisor Gradiente
com display de plasma.

Televisor Gradiente Impact.

DVD-Okê K-30,
equipamento para Karaokê,
lançamento pioneiro.

DVD-Okê K-340,
equipamento para Karaokê,
evolução do modelo.

DVD Home Theater **Stilus HTS-760**.

UM OLHAR SOBRE O DESIGN BRASILEIRO DESIGN & MERCADO EUGÊNIO STAUB

Mini-system **Energy 2200**.

Audio-system **Energy AS-450**.

Micro DVD-systems **MSD-700**.

Mini-system **Energy 4200**,
de **Michael David Pimentel**.

IDENTIDADE E MERCADO
DOROTHEA WERNECK E LILIANE RANK

262

UM OLHAR SOBRE O DESIGN BRASILEIRO DESIGN & MERCADO DOROTHEA WERNECK E LILIANE RANK

DOROTHEA WERNECK é
consultora, foi ministra da
Indústria, Comércio e Turismo,
ministra do Trabalho e
gerente especial da
Agência de Promoção das
Exportações (Apex).

LILIANE RANK é
engenheira, foi coordenadora do
Programa Brasileiro de Qualidade e
Produtividade e do Programa
Brasileiro de Design da
Associação Brasileira da
Indústria Gráfica (Abigraf).

O Brasil é reconhecido no mundo pelo seu futebol e seu carnaval, pela Floresta Amazônica, pela alegria de seu povo e seu estilo de viver. Mas, muito além dessa imagem, existe a essência do Brasil constituída por qualidades únicas que formam sua verdadeira e complexa identidade.

A paixão, a garra e a determinação com que tratamos o futebol são reconhecidas mundialmente. O detalhe é que o fazemos com o melhor de nossas qualidades: a criatividade e o espírito de fazer diferente.

E é com essas mesmas qualidades que trabalhamos nossa produção. Afinal, aeronaves comerciais, projeto Genoma, software para o complexo sistema financeiro, robôs para prospecção de petróleo em águas profundas, num país em desenvolvimento, não surgem do acaso.

A imensa diversidade, perceptível primeiramente em nossos recursos naturais, também se apresenta de forma acentuada na cultura, na mistura de raças, na religião, na biodiversidade e na produção de bens e serviços. Como resultante desse ambiente, o brasileiro possui imensa versatilidade, qualidade que confere certa vantagem comparativa no mercado externo. A produção de bens de qualidade associada à capacidade de desenvolvê-los de forma diferenciada nos torna mais próximos de atender às necessidades específicas num mundo diverso.

Enquanto marca, o Brasil é único, diferente, diverso, amigável, divertido, tem estilo, é autêntico, original e arrojado. A Marca Brasil, no entanto, possui na sua essência qualidades adicionais que, se explicam a existência de uma produção de ponta de bens e serviços de classe mundial, nem sempre são percebidas no mercado externo como um atributo necessariamente vinculado à marca do país. Essas qualidades devem ser associadas às já existentes, a fim de agregar maior valor em meio ao ambiente de negócios e ressaltar o padrão de excelência dos produtos diferenciados: a responsabilidade, a qualidade e o compromisso com os negócios. Isso tudo envolvido pelo prazer de um negócio que seja bom para as partes.

Linha Legacy, *da Embraer, Destaque Exportação no IDEA/Brasil 2011.*

Guaraná Jesus, *premiado com Bronze no IDEA/Brasil 2010. Estética e sabor bem brasileiros*

Museu do Futebol, melhor do ano no IDEA/Brasil 2010 e Destaque Exportação em 2011.

Com tais atributos, nossa produção inclina-se para um posicionamento estratégico no mercado mundial na faixa de produtos de maior valor agregado. É o que vem se observando com a evolução das exportações de manufaturados e as sondagens de mercado que apontam para mais espaços.

Provido de uma marca com fortes atributos para um mundo que anseia por diferenciação e aliado às competências dos empresários, trabalhadores, designers, estilistas, acadêmicos, tecnólogos e tantos outros, o país reúne as condições ideais para se lançar no mundo dos negócios internacionais. Um bom exemplo é o resultado alcançado no campo da moda. Com as inovações que produz, conjugadas com ações bem estruturadas de promoção, o Brasil tem hoje sua imagem consolidada no mundo fashion.

Diferente e diverso são pontos fortes da Marca Brasil. Estudos de mercado apontam nessa direção, indicando a expectativa de consumidores externos sobre a oferta de produtos brasileiros, tais como alimentos orgânicos, cafés especiais, cosméticos e essências da Amazônia, mel, própolis e derivados e a moda associada ao estilo brasileiro de ser e de viver.

Para fortalecer esses pontos e ampliar o espaço brasileiro no mercado foram empreendidos esforços concentrados e coordenados na promoção das marcas brasileiras setoriais – Brazilian Beef, Taste of Brazil, Flora Brasilis, by Brazil, Brazil Fragrances, Texbrazil, Brazilian Leather, Brazilian Chicken, Brazilian Fruit, Sweet Brazil, Brazil Handicraf e tantos outros. Os resultados podem ser vistos em várias frentes, como na grande repercussão internacional das últimas edições da São Paulo e da Rio Fashion Week.

Os compradores se impressionaram com a capacidade do Brasil produzir desde o tecido até a confecção com estilo próprio. Eles voltam aos seus países levando uma imagem do Brasil que inclui produtos de qualidade e que incorporam inovação tecnológica, aspectos antes desconhecidos. O setor de joias também demonstra forte influência desse Brasil Fashion. A Feninjer, principal feira de joias no país, tem tido procura crescente por parte de importadores e boa cobertura da imprensa internacional.

Impulsionadas pela necessidade e pelo desejo de maior integração no comércio mundial, empresas brasileiras vêm surpreendendo e sendo surpreendidas.

Um bom exemplo são os consórcios formados pelas pequenas empresas que se multiplicaram pelos mais diversos segmentos da moda, promoveram estudos de mercado, desenvolveram criações especiais para o mercado europeu, participaram de feiras no exterior e vêm ampliando suas vendas externas.

O Brasil está na moda e a moda brasileira está no centro da moda mundial. Nesse contexto, o design brasileiro desempenha papel fundamental e desafiador de desenvolver produtos ou adaptá-los para o mercado internacional, com estilo próprio e sem perder a identidade, pois esse é o diferencial sobre o qual o mercado externo desperta, deseja, decide e se dispõe a pagar. Este desafio tem sido enfrentado de forma competente e com as qualidades que nos são próprias de alta criatividade e alimentada pela imensa diversidade.

PBDAC
BRAZILIAN PROGRAM FOR
THE DEVELOPMENT OF CACHAÇA

Brazilian Footwear

Brazilian beauty

BRAZILIAN LEATHER

Isso é apenas uma parte dos ganhos que estamos alcançando e que vislumbramos diante do posicionamento atual do Brasil enquanto marca. Segundo os clássicos, a imagem da marca de um país se constitui pelo somatório do país como produto (riquezas naturais, culturais, históricas, produção de manufatura, tecnologia...) e suas ações de marketing promocional. A resultante dessa equação é a percepção dos consumidores, sem o que não existe marca. É dentro desse conceito que foram e ainda estão sendo desenvolvidos os trabalhos no campo da promoção comercial e no fortalecimento da imagem do Brasil no exterior pela Apex. O número de empresas brasileiras que vendem para o mercado externo cresceu 66% de 2000 para 2003. Hoje temos cerca de 20 mil empresas exportadoras, das quais cerca de 9.400 são micro ou pequenas.

Num futuro próximo, os investimentos necessários deverão ser mais elevados para dar sustentação e prosseguimento às ações de promoção, projetando um Brasil onde, mais que talento, se produz bons resultados, levando ao mundo a nossa bandeira das exportações.

Selos de programas setoriais de exportação apoiados pela Apex.

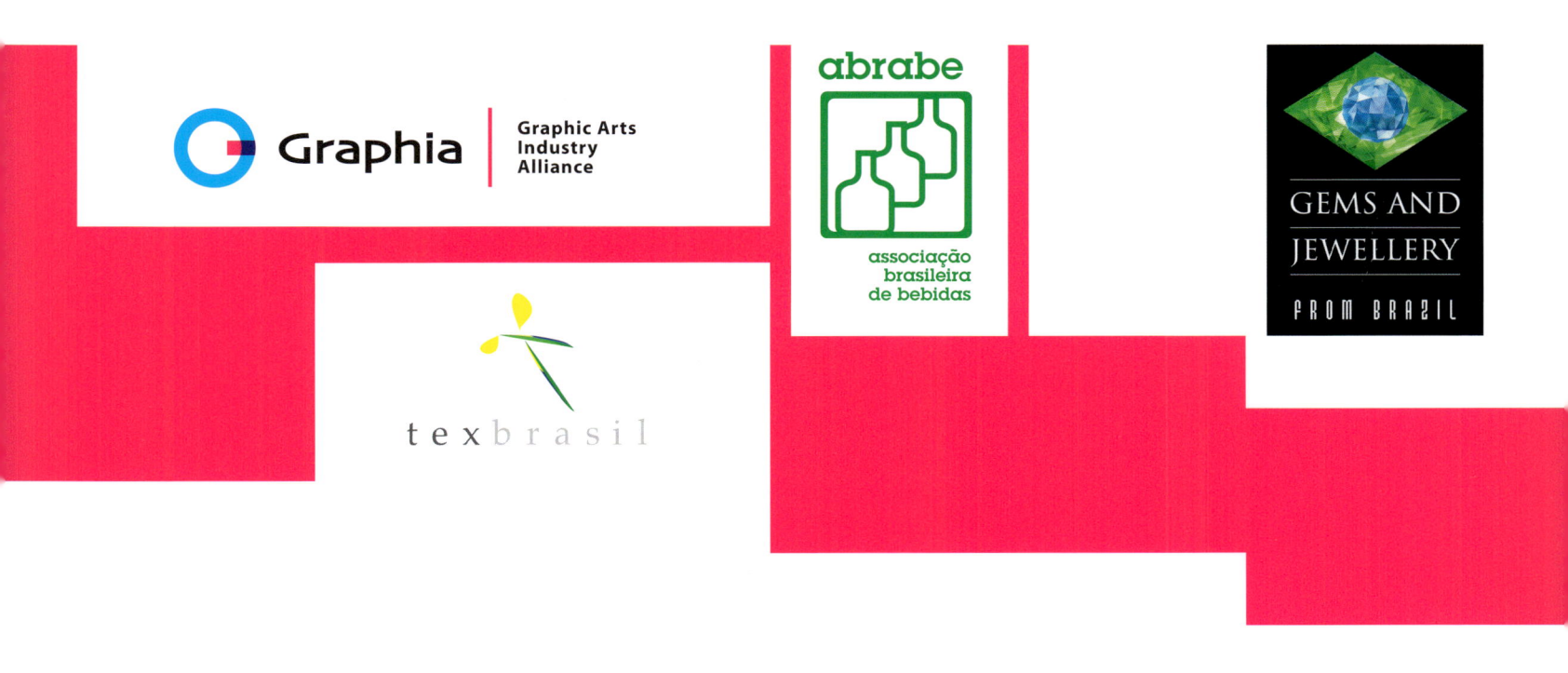

A EXPORTAÇÃO DO DESIGN

SÉRGIO AMARAL
Embaixador do Brasil na França.

O Brasil vem demonstrando grande competitividade no mercado internacional. Estamos conquistando novos mercados e diversificando a pauta de exportações. Temos certamente condições de exportar mais e, sobretudo, produtos com mais valor agregado. Isso quer dizer exportar mais café industrializado em vez de café em grão; moda em vez de tecido ou mesmo algodão; calçados em vez de couro bruto; móveis em vez de madeira. Em suma, vender cada vez mais produtos processados, industrializados, com mais agregação de valor, de tecnologia e de design.

Esse produtos alcançam preços mais elevados e, por isso, geram uma receita maior de exportação para o país, um retorno maior para o empresário, mais empregos e salário mais elevado para o trabalhador. Todos ganham.

O design tem um papel central na nova fase de integração do Brasil ao processo produtivo mundial. Buscamos vender produtos finais diretamente aos consumidores, em vez de produtos indiferenciados – commodities –, por meio de grandes traders internacionais. Temos de disputar a atenção e a escolha do consumidor norte-americano, francês, inglês, espanhol, argentino ou mexicano, concorrendo com produtos de empresas de todas as partes do mundo. O design é um dos nossos diferenciais e um dos nossos trunfos.

O Programa Brasileiro do Design, coordenado pelo Ministério do Desenvolvimento, Indústria e Comércio Exterior, faz parte do conjunto de iniciativas do governo em apoio às iniciativas do setor privado para ampliar nossos negócios no mercado externo. Por meio das oficinas de design, workshops, participação em feiras e eventos no país e no exterior, o programa tem beneficiado um número significativo de setores industriais.

O design brasileiro vem ganhando crescente reconhecimento internacional e ajudando a vender nosso produto lá fora e a gerar emprego e renda em nosso país.

UM OLHAR SOBRE O DESIGN BRASILEIRO **DESIGN & MERCADO** DOROTHEA WERNECK E LILIANE RANK

Caipirinha Veritas, da Agrivale, produto de exportação com embalagem premiada no "Cans of the Year Award 2004", Denver, Estados Unidos, design da **Companhia Brasileira de Embalagens (CBL)**.

AÇÃO E ESTRATÉGIA

O cenário de globalização vem provocando profundas mudanças no comportamento dos mercados. A competitividade, que sempre foi um fator de sobrevivência, vem se sofisticando a cada dia. Este ambiente tem exigido a adoção de estratégias mais ofensivas, tanto em nível empresarial como estrutural.

Os países que têm um futuro promissor no mercado internacional são aqueles que estão investindo na fronteira do conhecimento, pois o diferencial de competitividade reside na inteligência aplicada ao produto. Isso significa investir em nanotecnologia ou em pesquisa biogenética, entre outras áreas.

Nesse contexto, o investimento em design também é estratégico. Ele significa inteligência aplicada ao produto sob a forma de novos processos, novos materiais. E deve traduzir-se em diferenciais de qualidade, respeito ao meio ambiente e preços competitivos, sem falar na criatividade e originalidade, fatores decisivos no mercado.

Consciente dessa questão, o governo brasileiro, em parceria com instituições privadas, vem implementando várias iniciativas para induzir a modernização industrial e tecnológica por meio do design, contribuindo para a melhoria da qualidade e da competitividade do produto brasileiro.

Tornar a Marca Brasil visível aos olhos do mundo é uma questão necessária e um desafio. E isso é possível com a mobilização da nossa sociedade, investindo nas próprias capacidades e reconhecendo no design a expressão da identidade dos produtos brasileiros. Esse movimento é a alavanca necessária para o reconhecimento internacional da qualidade de nossos produtos, indispensável para marcar a devida presença da economia brasileira no mercado mundial.

ANTONIO SÉRGIO MARTINS MELLO
Secretário do Desenvolvimento da Produção do Ministério do Desenvolvimento, Indústria e Comércio Exterior.

Totem para audição de CDs em locais públicos, da Itautec.

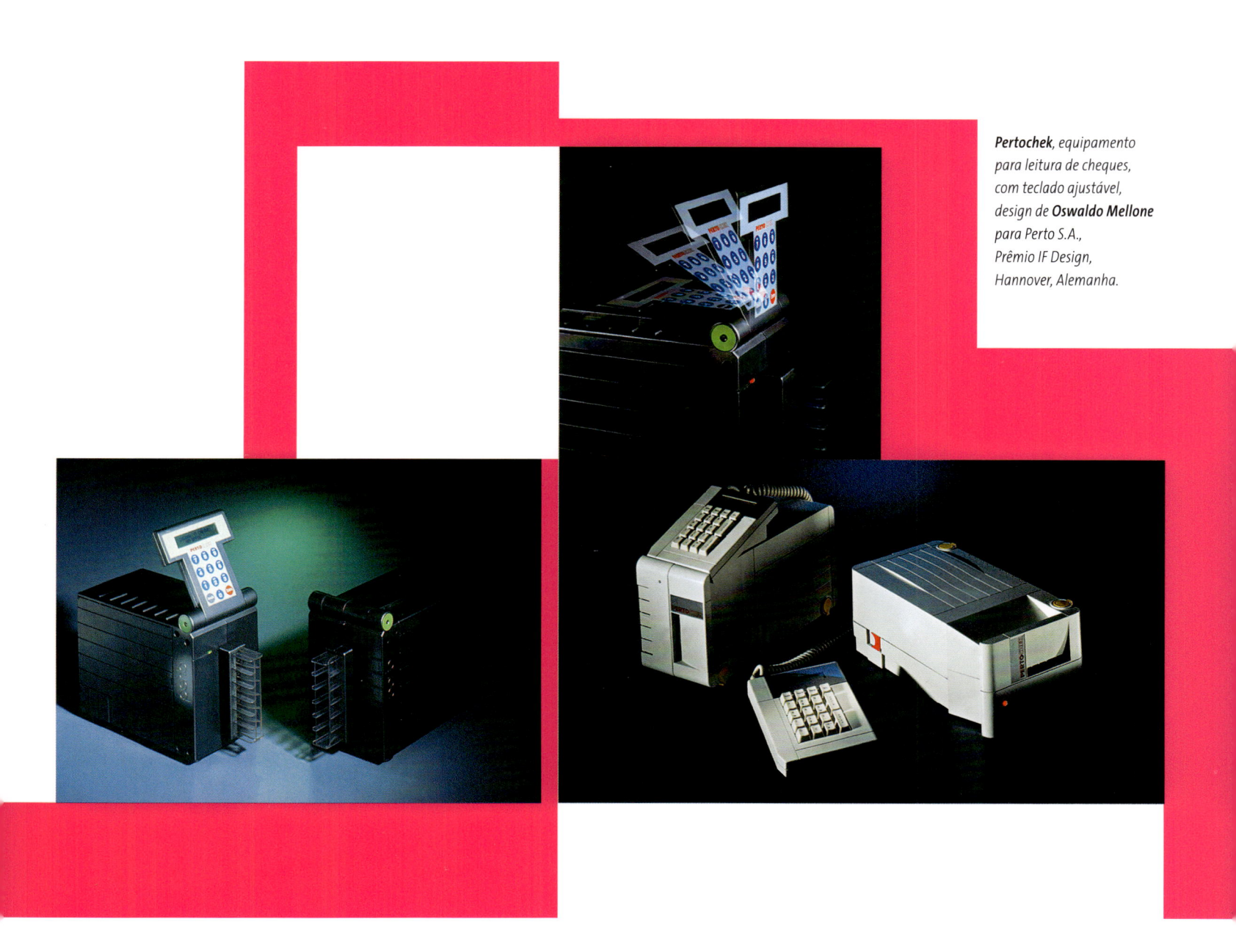

UM OLHAR SOBRE O DESIGN BRASILEIRO DESIGN & MERCADO DOROTHEA WERNECK E LILIANE RANK

Pertochek, equipamento para leitura de cheques, com teclado ajustável, design de **Oswaldo Mellone** para Perto S.A., Prêmio IF Design, Hannover, Alemanha.

DESIGN & CULTURA

272

Sistema de sinalização da 5ª Bienal Internacional de Arquitetura e Design, utilizando cores e vinhetas para orientar os visitantes pelos três andares do Prédio da Bienal de São Paulo e por seus diversos espaços expositivos; equipe **Zol Design** para Fundação Bienal de São Paulo e Instituto dos Arquitetos do Brasil, selecionado para a 7ª Bienal de Design Gráfico 2004.

274 ELIZABETH DE FIORE,
CULTURA MATERIAL E DESIGN

Os artefatos produzidos ao longo de cinco séculos da nossa História, observados à luz do desenvolvimento tecnológico da sociedade em cada período, revelam os projetos de design implícitos ou evidentes de seus criadores: noções de função, de uso e padrões estéticos vigentes.

Do rígido partido lusitano, empregado na construção de cidades, fortalezas, igrejas e edificações civis, predominante nos nossos primeiros tempos de Colônia, às criativas formas das lamparinas e dos bules elaborados com sucata industrial pelas populações carentes das periferias urbanas do século XXI, revela-se um amplo espectro de soluções e estilos.

As fórmulas populares, intuitivas, espontâneas e de ressaibos antropofágicos revelam a raiz mestiça do povo brasileiro em uma variedade de estilemas originais com forte tônus regionalista. Já os padrões que emergem dos nossos "objetos únicos" e dos sofisticados produtos de massa, obra de gerações educadas na funcionalidade moderna, embora oriundas do caldeirão comum da nacionalidade, geram a imagem da Marca Brasil no espelho global do comércio.

"Um Olhar sobre o Design Brasileiro" descortina esse vasto panorama através de sua criteriosa seleção de imagens, amarradas por surpreendentes e pertinentes reflexões. Dos inumeráveis estilos populares de fabricar objetos – salpicados de emblemas e conotações ou nus em sua economia estética; às vezes pobres de meios, mas nunca de engenhosidade – ao design da produção industrial made in Brazil – internacional em sua linguagem e verde-amarela nas suas ressonâncias – esta obra abrangente e única constitui referência obrigatória de estudiosos e leigos. Deliciosa de se folhear e esmiuçar, útil de se consultar e prazerosa de se possuir. Permite-nos renovar o prazer a cada consulta.

Elizabeth De Fiore
Socióloga e jornalista.

A EDUCAÇÃO DO OLHAR
ALEX PERISCINOTTO

ALEX PERISCINOTTO,
é publicitário.

Ensinar a ver ou, melhor ainda, ensinar a enxergar. Essa é uma das grandes contribuições que o marketing pode oferecer ao design. O marketing pode contribuir para que as pessoas aprendam a perceber o design de objetos e de lugares, condição para valorizá-los.

Embora a percepção do design passe pelo marketing, sua base é a educação e a cultura no seu mais amplo sentido – é o de saber ver as coisas. Quando gostamos de uma poesia do Drummond, por exemplo, gostamos porque aprendemos a reconhecer sua graça, deixamos que sua poesia mexa com nossa alma. As pessoas, em especial as crianças, precisam ser ensinadas a gostar de poesia, a valorizá-la. Isso também é verdadeiro em relação ao design. É preciso saber reconhecer quando uma coisa é bem feita. A escola e a educação formal poderiam contribuir para a formação dessa percepção. Uma professora precisaria ter a sensibilidade e competência para dizer: "Hoje vou dar uma aula de como ver as coisas, vamos aprender a contemplar os fatos ao nosso redor". Não é preciso levar os alunos a um museu. O olhar das crianças pode ser treinado na rua mesmo. O olhar conselheiro da professora deveria separar o joio do trigo e mostrar a diferença para os alunos. Na Avenida Paulista, em São Paulo, por exemplo, há muito tempo não existe mais aqueles semáforos pendurados, não têm postes com fios para levar energia – mas tem muita gente que passa lá todos os dias e não vê isso.

UM OLHAR SOBRE O DESIGN BRASILEIRO DESIGN & CULTURA ALEX PERISCINOTTO

Sandálias Havaianas, imagens de campanha publicitária da **Almap/BBDO**.

A televisão também poderia contribuir para uma melhor percepção do design. Hoje, é muito difícil vermos um programa de televisão no qual se mostre o que é um bom design. O logo da marca Gillete, por exemplo, é de uma simplicidade e, ao mesmo tempo, de uma riqueza impressionantes. Mas muitos veem ali apenas os três risquinhos.

Embora exista essa carência na TV, o Brasil está produzindo filmes que investem em design. Em Cidade de Deus, por exemplo, o cenário foi ricamente montado, as roupas dos atores deram vivacidade às cenas. Isso, muitas vezes, não é valorizado porque parece que está pronto. Houve, no entanto, um estudo, alguém "viveu" na favela, percebeu com que roupa, com que estilo, com que boné, com que arma, em qual local a história acontece. Faria parte do marketing premiar essas questões, valorizar esse trabalho para incentivar as pessoas a perceberem a riqueza de tudo isso.

*Sistema de sinalização do evento "Dança em Trânsito", do III Circuito Carioca de Dança, para orientar o público para os locais de apresentação de 35 grupos de dança, em diferentes e movimentadas praças do Rio de Janeiro, de **Guto** e **Adriana Lins** e equipe **Manifesto Design**, para a Secretaria da Cultura/ Prefeitura do Rio de Janeiro.*

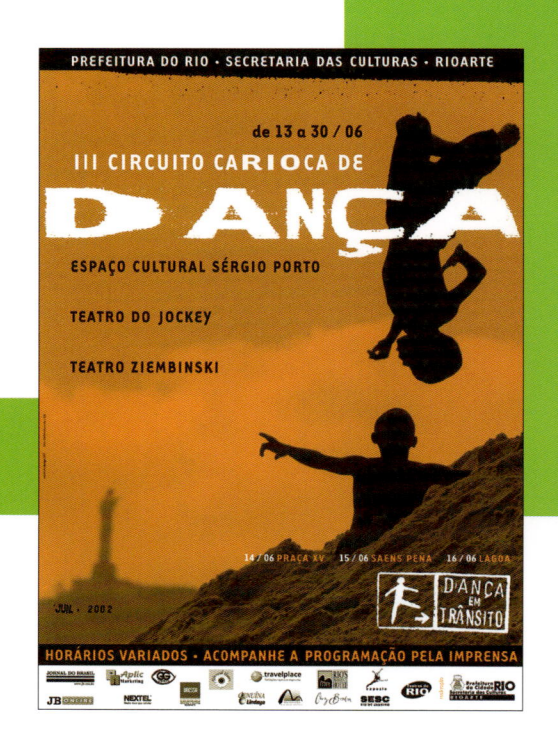

No Brasil, a nossa falta de capacidade perceptiva também está relacionada com o meio em que vivemos. Se vivemos em um bairro poluído por pichações, não nos ocorre que possa ser diferente. Um jovem que mora na atual Avenida Santo Amaro, em São Paulo, por exemplo, não deve ter referências de como aquilo era antes. Vivendo em meio a tanta pichação, facilmente entrará para esse mundo, fará parte dele. Por que não puxar esses garotos para o grafite, mostrar a diferença que existe entre uma coisa e outra. Alguns grafiteiros paulistas hoje fazem verdadeiras obras de arte. A questão é apresentar os demais a esse mundo novo – o que deveria ocorrer cedo, com as crianças nas escolas.

O marketing aliado ao design tem muitos e bons resultados positivos. Depois de uma excelente campanha publicitária, passamos a olhar para as sandálias Havaianas, por exemplo, com outros olhos. O design do produto não está muito diferente do original, mas as cores e os detalhes valorizaram de tal maneira a sandália que hoje ela é peça de vitrine.

Outro sucesso brasileiro é o design de bicicletas. Durante muitos anos dava inveja olhar os catálogos norte-americanos com bicicletas que eram verdadeiras obras de arte. Agora também temos isso no Brasil. Sucesso semelhante foi alcançado no design de tênis, que está entre o mais criativo e ousado do mundo: temos tênis com tala larga, amortecedor traseiro, proteção interna macia, isenção de odores...

Nossa moda já tem seu sucesso consolidado e hoje usufrui de uma mídia gratuita: atraídos por sua beleza e originalidade, desfiles de estilistas brasileiros atraem a imprensa internacional que vem aqui, registra belas imagens e as espalha em revistas, TVs e cinemas de todo o mundo.

Nosso design também já tem seus clássicos. No setor automotivo, um dos nossos ícones é o SP2, da Volkswagen, primeiro carro nacional totalmente projetado no Brasil, com design de Senor Schiemann. Um desenho arrojado, capaz de abrir as portas do mercado internacional – o que só não aconteceu porque o modelo não tinha a potência de motor requerida para um carro esporte. Outro de nossos clássicos é a tradicional embalagem da Maizena, que marca pela sua neutralidade, com sua caixa amarela e letras rebuscadas.

Esses clássicos do design não podem ser modernizados apenas pela graça de ser moderno. O desenho externo das garrafas de cerveja, por exemplo, já é consagrado, não há necessidade de mudar.

Entre casos de sucesso e de neutralidade, temos uma certeza, um dos grandes truques do marketing para o design é ensinar a ver. Precisamos passar pelas paisagens, pelo espaço urbano, pelos objetos e contemplar o que eles têm de belo e harmônico. Valorizar um bom design é o melhor caminho para sua consolidação.

Bicicleta Caloi Easy Rider,
*padrão de design
e qualidade internacional.*

UM OLHAR SOBRE O DESIGN BRASILEIRO **DESIGN & CULTURA** ALEX PERISCINOTTO

*"**Cidade de Deus**",
cena do filme
de Fernando Meirelles,
com acurada pesquisa
de ambientação
e indumentária.*

*Abrigo de ônibus, novos
suportes para a publicidade.*

A CULTURA DO DESIGN
DANILO SANTOS DE MIRANDA

O Design no Brasil, exposição que inaugura o SESC Pompeia, em 1982, sobre a arte e as soluções populares para os desafios da vida cotidiana: a cozinha e seus objetos.

DANILO SANTOS DE MIRANDA *é diretor-regional do Sesc São Paulo.*

A democratização do acesso às artes e à cultura é um dos pilares do trabalho socioeducativo desenvolvido pelo Serviço Social do Comércio (Sesc) junto aos trabalhadores no comércio e em serviços, a seus familiares e à comunidade. Primo-irmão da arte, o design tem sempre um espaço na entidade. Está presente, para começar, em nossas instalações, planejadas e construídas de modo a incorporar as reflexões mais recentes da criação brasileira que ajudem a realizar a integração entre os diversos públicos, a democratização dos espaços e o respeito às diversidades. O design também está sempre presente em nossa programação. Procuramos mostrar a produção contemporânea, nacional e estrangeira, e aspectos específicos, como os relativos ao design gráfico ou ao design popular.

Em ambos os casos, nosso objetivo é aguçar o olhar e aproximar a criação do cotidiano, ressaltando as características de um universo que se amplia por meio de traços, curvas e mensagens que nos cercam a todos, diariamente. O objeto produzido pelo design soma a seu caráter funcional, que revela as necessidades de seus usuários e da época em que é produzido, o resultado das concepções e dos valores sobre a cultura e a sociedade de quem o produz – o designer.

O objeto de design fala por sua constituição (material, cor, textura, processo de fabricação, tecnologia), pela função a que se destina, pelos modos como é utilizado, pelos valores estéticos que traduz, pelos significados políticos e ideológicos que a ele se associam.

No design gráfico, é possível compreender o processo de criação como algo inserido no cotidiano, portanto, bastante próximo das pessoas e dos ambientes em que se partilha o tempo vivido: a casa, o local de trabalho, os ambientes voltados ao lazer e aos estudos, entre outros. São infinitas as combinações que formas, volumes, materiais e cores se mostram capazes de produzir.

O universo potencial que nasce daí é, muitas vezes, desconsiderado pelo olhar e pela consciência da maior parte das pessoas. Entretanto, usamos, vestimos, lemos, descansamos, nos protegemos, nos movimentamos e realizamos uma série de ações relacionada a objetos e coisas criados pelo design, seja ele popular, seja ele industrial.

Ao falar sobre design brasileiro – que tem sido especialmente reconhecido no exterior, tanto em mostras como por meio de parcerias estabelecidas entre profissionais, grupos de trabalho e interessados em geral –, cabe ressaltar a inventividade, aspecto fundamental que se desdobra em diferentes abordagens quanto ao uso de materiais e às possibilidades abertas pela associação entre indústria e tradição popular.

Ferramentas e artefatos para o mundo do trabalho e utensílios domésticos.

UM OLHAR SOBRE O DESIGN BRASILEIRO **DESIGN & CULTURA** DANILO SANTOS DE MIRANDA

Ao lado, o painel
***Reflexo D´Água**,*
*de **Tomie Ohtake**,*
esposto na piscina
do Sesc Vila Mariana.

*Acima, a obra **Serpente**, de*
***Francisco Brennand**,*
exposta no Sesc Pinheiros.

Do ponto de vista da utilização dos materiais, o design brasileiro destaca-se pela habilidade no tratamento de madeiras de diferentes origens, pela exploração de cores e formas de pedras, fibras e sementes naturais, pela união do artesanato e da indústria a partir de matérias tidas como tradicionais e das quais pouco se esperava além do uso já habitualmente conhecido. Na associação entre indústria e artesanato popular, a viabilidade econômica é o dado principal, tendo em vista a recente valorização de trabalhos que enfatizam o aspecto social da produção e um potencial mercadológico de vendas, cujos produtos estão relacionados às temáticas do ecodesign, design de joias, moda e produtos têxteis em geral, a criação de utensílios artesanais, além dos objetos industrializados propriamente ditos.

A cultura popular brasileira tem sido um de nossos constantes interesses por seu papel de formação da identidade nacional, de valorização do homem e de ponte de comunicação entre cidadãos brasileiros, personagens de universos geográficos e referenciais distintos em um país continental. A arte popular ganhou forte contorno na entidade durante a década de 1970, quando foi realizada, no Serviço Social do Comércio (Sesc Consolação), a Feira Nacional de Cultura Popular, uma grande mostra que recolheu Brasil afora um leque variado de obras e manifestações de artistas e grupos regionais.

Nos anos de 1980, com a inauguração do Sesc Pompeia, foram realizados projetos especiais com a mesma temática. A exposição O Design no Brasil, organizada pelo saudoso diretor do Museu de Arte de São Paulo (Masp), Pietro Maria Bardi, com cenografia de Lina Bo Bardi, testemunhava o esforço de enxergar a arte e a produção popular brasileira da era pré-industrial à industrial. São desse período, também, as exposições Mil Brinquedos para a Criança Brasileira e Caipiras, Capiaus: Pau-a-Pique, todas no SESC.

Sesc Vila Mariana, detalhes do prédio em linhas modernas.

SESC Pinheiros: arquitetura e design a serviço da cultura.

*Sesc Pompeia, uma antiga fábrica transformada em centro cultural, projeto da arquiteta e artista plástica **Lina Bo Bardi**.*

A importância do aprendizado das artes e do fazer artesanal revelou-se também na estrutura arquitetônica dessa unidade, cujo projeto previu uma área especialmente destinada às Oficinas de Criatividade. Elas compõem um espaço marcado pela diversidade de cursos abertos a públicos específicos, pelos preços acessíveis, pela variedade de horários, pela boa qualidade dos equipamentos, pela funcionalidade espacial, pela programação de aulas abertas, pelos cursos teóricos, pelos encontros com artistas e pela existência de um ambiente de trabalho dinâmico – iniciativas igualmente presentes nas demais unidades do Sesc.

Entre trabalhos mais recentes, destacam-se projetos que associam um apurado senso estético, geração de renda e forte cunho social, como Mestres-Artesãos, Oficinas e Mostra de Arte Popular Brasileira e Retalhar. A Bienal de Artes Gráficas, realizada em parceria com a Associação dos Designers Gráficos (ADG), tem destacado a alta qualidade da produção brasileira.

Estabelecer esse diálogo por meio da arte é para o Sesc um compromisso diário que se firma pelo contato com ideias inovadoras, formas pioneiras e que evoca a democratização da cultura pela criatividade de artistas, muitas vezes, desconhecidos. Razões que levam o Sesc de São Paulo não só a incentivar essas produções, como também a lhes garantir espaço constante em sua programação.

DESIGNERS EM FORMAÇÃO
AURESNEDE EDDY PIRES STEPHAN

AURESNEDE EDDY PIRES STEPHAN
é coordenador do curso de Design do Centro Universitário Belas Artes de São Paulo; professor das faculdades de Artes Plásticas da Faap e de Santa Marcelina; curador da mostra Novos Talentos de Norte a Sul do Brasil e membro do Júri de Design do Museu da Casa Brasileira.

O design é uma atividade projetual integrada a várias áreas do conhecimento, estabelecendo relações múltiplas para a solução de problemas de concepção e produção de imagens e objetos que têm por alvo atender às necessidades do homem e da comunidade – sem esquecer o forte impacto ambiental dos processos industriais. Assim, qualquer programa educacional será apenas uma referência na preparação desse futuro profissional. A investigação constante e a vivência na área determinarão sua efetiva inserção no mercado.

Mais do que a condição material é o corpo docente que identifica uma escola. Determinados limites materiais podem ser amplamente compensados pelo diferencial representado pelas pessoas que lideram ou coordenam o projeto pedagógico e pelas parcerias empresariais e públicas firmadas.

O desenho industrial no Brasil começou com a introdução do movimento art noveau, marcante em palacetes de São Paulo e no Rio de Janeiro – que exigiam dos arquitetos e construtores uma mão de obra especializada impossível de encontrar no início do século XX. É nesse contexto que surgem os liceus de artes e ofícios em todo o país, destacando-se o de São Paulo, um marco fundamental na industrialização brasileira.

*Esboços de automóveis, projetos desenvolvidos por **Fernando Morita**, aluno do Centro Universitário Belas Artes, São Paulo, SP, para a Volkswagen e por **Daniel Vicente Lelis** (acima à direita), da Faculdade de Comunicação e Artes da Universidade Presbiteriana Mackenzie.*

Flex Marine, lancha de pequeno porte, projeto de graduação de **Carlos Stonoga**, **Fábio Mendes**, **Pámela C. Bortolanza**, curso de Desenho Industrial da PUC-PR, Curitiba, PR.

Misto de escola e espaço de produção, o Liceu de São Paulo abasteceu a burguesia do café de soluções de altíssima qualidade para a construção civil e para o mobiliário. Conferia uma sólida preparação profissional em marcenaria, serralheria e fundição, formando uma geração de mestres e de excelentes artesãos, reconhecidos até hoje em obras privadas e públicas. Seu design, porém, era uma cópia dos clássicos.

É a partir de 1947, com a criação do Museu de Arte de São Paulo (Masp), implantado sob a direção de Pietro Maria Bardi, que surge um ambiente intelectual propício à criação em design. A programação do museu convocava a juventude para cursos de História das Artes e destinava sua maior sala para exposições didáticas. Nascia ali, também, o Instituto de Arte Contemporânea (IAC), núcleo da futura Escola Superior de Propaganda e Marketing, com cursos pioneiros de fotografia, moda, maquetes de arquitetura, propaganda e design. Planejada pela arquiteta Lina Bo Bardi, o IAC incorporava os princípios da Bauhaus: a vanguarda internacional em arte e design.

Nos anos de 1950 e de 1960, com o processo acelerado de industrialização e os grandes feitos do planejamento urbano e da arquitetura de Lúcio Costa e Oscar Niemeyer, tendo Brasília como sua síntese maior, o ensino do design ganha espaço próprio. Surgem três grandes centros de referência: a Escola Superior de Desenho Industrial (Esdi), no Rio de Janeiro; a Faculdade de Arquitetura e Urbanismo da Universidade de São Paulo (FAU-USP); e a Escola de Artes Plásticas de Belo Horizonte (MG).

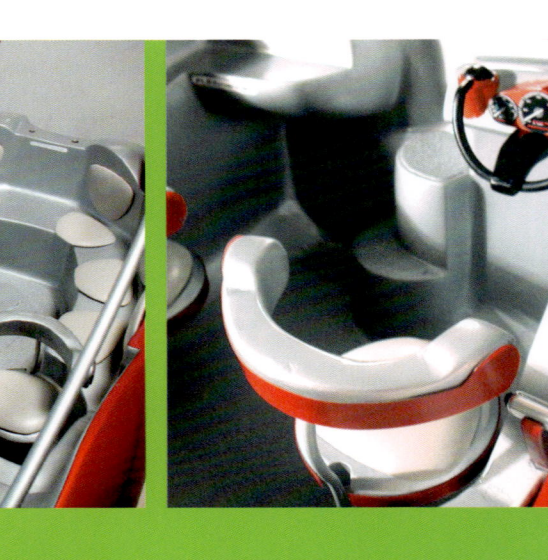

Paralelamente ao início dos cursos, a iniciativa privada organizou concursos, como o Prêmio Lúcio Meira de design automobilístico no Salão do Automóvel, no período de 1962 a 1974, e o Prêmio Roberto Simonsen, integrado à Feira de Utilidades Domésticas (UD), ambos promovidos pela Alcântara Machado e pela extinta Associação Brasileira de Desenho Industrial (ABDI).

Dos anos de 1970 para cá surgiram cursos de design em instituições como a Fundação Armando Álvares Penteado (FAAP), a Universidade Mackenzie, as universidades federais de Pernambuco, do Paraná, do Rio de Janeiro, a Fundação Educacional de Bauru, hoje Unesp, entre outras. Com o apoio do CNPq, foram criados na década de 1980 os Laboratórios Brasileiros de Desenho Industrial, como o de Campina Grande, na Paraíba, e o de Florianópolis, em Santa Catarina.

Em 1988, 25 anos após a fundação da primeira escola de design do país, foi criada a Associação Brasileira de Ensino de Design (Abed), mais tarde denominada Associação de Ensino-Pesquisa de Nível Superior em Design do Brasil (AENnD-BR). Temos, atualmente, mais de 80 instituições dedicadas ao ensino – algumas extremamente jovens, outras com mais de 20 anos de experiência.

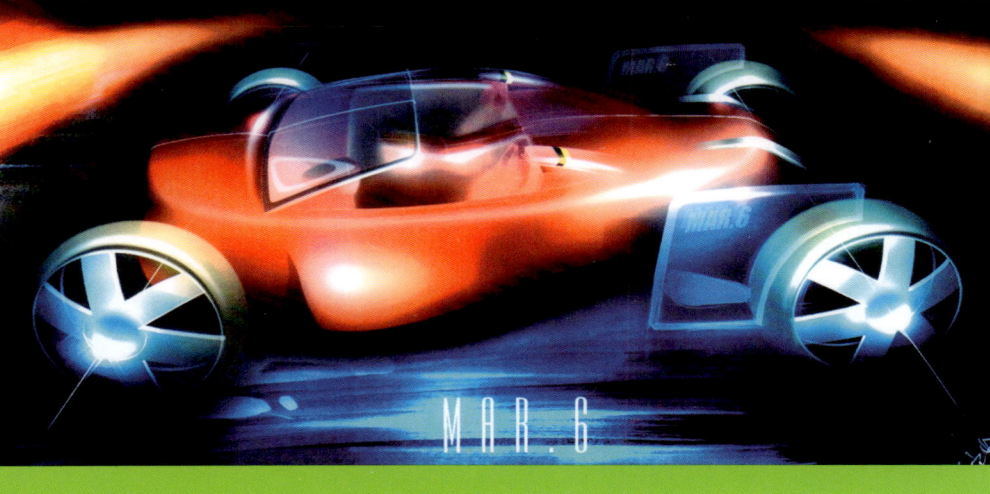

Projeto Emma, veículo reciclável, com duas opções de geradores de energia de baixa emissão, projeto de **Ricardo Rangel Morisson da Silva**, Faap, São Paulo, SP.

Mar.6, projeto de **Fernando Morita**, da Faculdade de Belas Artes, selecionado para o 5º Concurso Volkswagen de Design, 2002, São Paulo, SP.

Mas a formação do design não depende apenas das escolas. As iniciativas empresariais e de instituições públicas têm sido fundamentais para a projeção de vários jovens profissionais. O Núcleo de Desenho Industrial da Federação das Indústrias do Estado de São Paulo, iniciativa pioneira liderada pelo empresário José Mindlin, tornou-se, nos anos de 1980 e de 1990, um centro de referências para o design brasileiro por meio de exposições, seminários, mostras internacionais, organização de concursos e de inúmeras publicações.

Nos últimos anos, multiplicaram-se os concursos e as mostras que promovem jovens designers e abrem canais de acesso à indústria. Percebe-se também o enriquecimento, ainda que tímido, da produção editorial, tanto em revistas como em livros. Diante de todos os desafios, estamos caminhando para a maturidade, o que exige de todos um comprometimento e uma constante reflexão histórica, social e tecnológica.

Leggero,
pulverizador agrícola computadorizado,
projeto de
Edílson Ferreira da Silva,
Luiz Fernando da R. Pombo,
Mirian Medeiros do Nascimento,
curso de Desenho Industrial,
PUC-PR, Curitiba, PR.

Lixeira para coleta seletiva,
projeto de **Sérgio de Sá Carneiro**,
segundo lugar no
prêmio Liceu de Design,
2000, Salvador, BA.

Luminária Amuleto Senhor do Bonfim, de **Rodrigo Rebouças Lira**, menção honrosa Prêmio Liceu de Design, 1997, Salvador, BA.

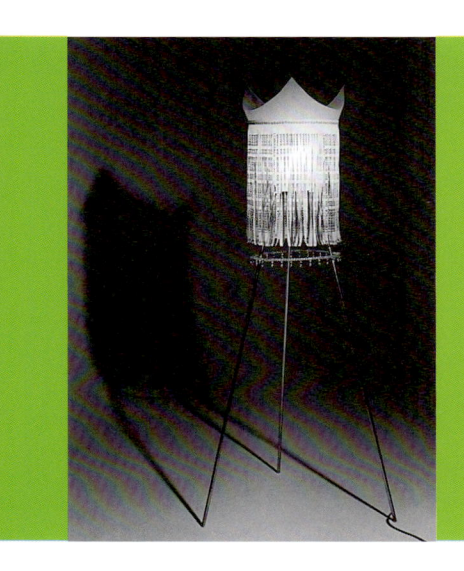

Luminária Omolu, de **Erick Oliveira**, 1º Prêmio do Liceu de Design, 2000, Salvador, BA.

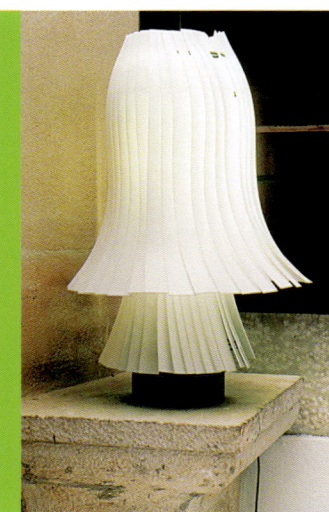

Tendency, maçaneta de **Márcio Mussi** e roseta de **Pierre Seiti Maeda**, do curso de Desenho Industrial da Universidade Presbiteriana Mackenzie, São Paulo, SP, produzidas pela La Font.

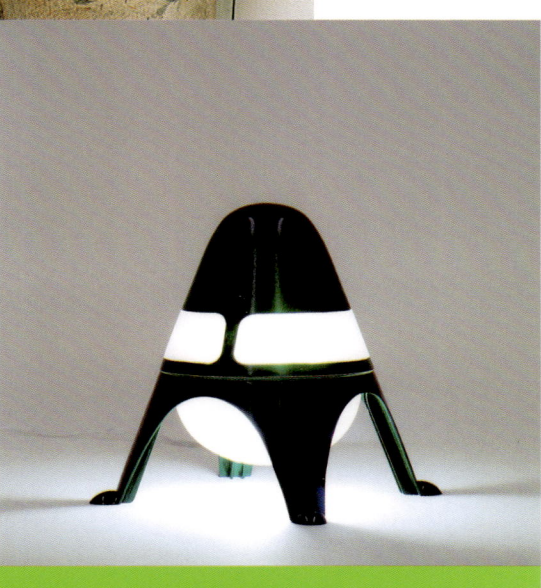

Luminária Nave, projeto de **Sérgio Yano**, Faap, São Paulo, SP.

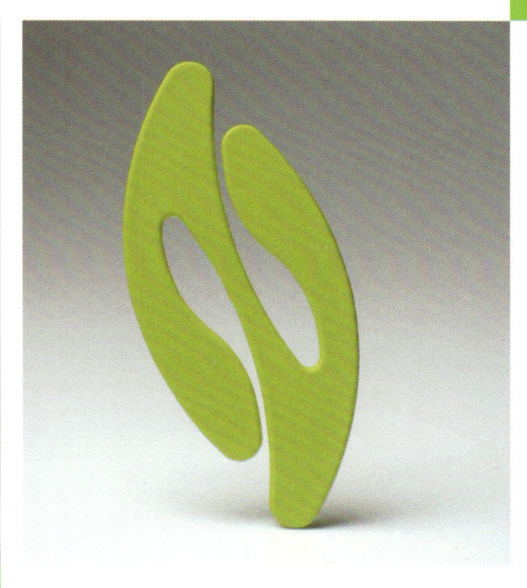

Prendedor multiuso, projeto de **Taciana Silva** e **Marcela Albuquerque**, do curso de Desenho Industrial da PUC-RJ, Rio de Janeiro, RJ, com várias premiações no Brasil e no exterior, como o IF Design Award 2004, na Alemanha, e o Prêmio Museu da Casa Brasileira 2004.

Revista AirPress, projeto para a reformulação gráfica da revista de paraquedismo, de **André Tietzmann**, aluno do Centro Universitário Belas Artes, São Paulo, SP.

Revista Aliás, projeto e edição experimental, de **Laura Wrona**, aluna do Centro Universitário Belas Artes, São Paulo, SP.

Uma **Capa para Soffredini**, projeto de graduação de **Luiz Henrique Diniz Miranda**, Escola de Design da UEMG, Belo Horizonte, MG.

Mesa de centro Estela, de **Zanini de Zanine**, aluno da PUC-RJ, primeiro lugar no Prêmio Liceu de Design, 2002, Salvador, BA.

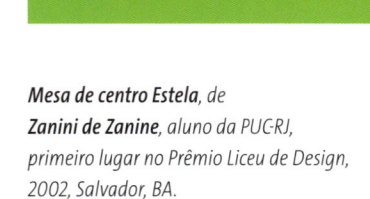

Caixas de som, projeto de **Luís Gustavo Costa**, da Faap, São Paulo, SP.

Espreguiçadeira em madeira, projeto de **Zanini de Zanine** e **Marcio Lewkowicz**, curso de Desenho Industrial da PUC-RJ, Rio de Janeiro, RJ.

Mesa Quatro, de **Paulo Biacchi**, Curso de Desenho Industrial da Universidade Federal do Paraná, Curitiba, PR, protótipo elaborado por Flexiv Móveis, vencedor do Concurso Masisa de Design para Estudantes.

Banco Sanduíche, projeto de **Enolia Loyola Munhoz da Cunha** e **Mariana Atem Sassamori**, Curso de Design Gráfico, Moda e Produto da Universidade Tuiuti do Paraná, Curitiba, PR, protótipo elaborado por Artely Móveis.

Criado-mudo Cubo, projeto de **Hemilky Alves Ângelo**, 1º Prêmio Liceu do Design, 1997, categoria móvel seriado, Salvador, BA.

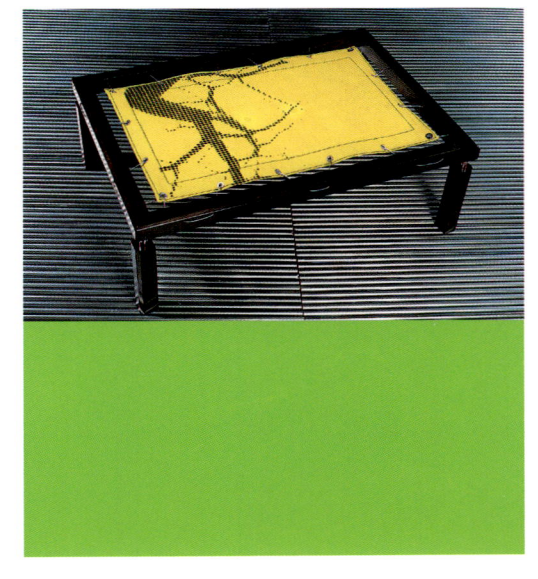

Mesa Flex, de **Márcio Takada**, **Eduardo Sato** e **Rodrigo César Ramos**, segundo lugar no Prêmio Liceu de Design, 2002, Salvador, BA.

Identidade Visual para o Mercado Municipal de São Paulo, projeto de **Carlos Eduardo Santos Gomes** e **Luis Tadeu Castro Sanches Jr.**, alunos do Centro Universitário Belas Artes, São Paulo, SP.

O DESIGN QUE VENDE

No design aplicado ao marketing, são três os fatores essenciais ao êxito: o embasamento cultural, o talento criativo e o conhecimento da realidade do mercado. Os bons cursos de formação em design procuram justamente conciliar esses três fatores. Essa tem sido a nossa experiência na ESPM, a princípio nos cursos de criação de embalagens e agora com o nosso curso de graduação em design gráfico e de embalagens. Nossos alunos refletem o ambiente cosmopolita em que vivem e possuem referências culturais variadas que facilitam a absorção de conceitos e técnicas vindas de fora.

Hoje, sem dúvida, um dos maiores campos de aplicação do design em nosso país é o marketing em geral e a embalagem em particular. Por um lado, são frequentes as feiras, exposições e outros eventos promocionais que exigem a participação de designers. Por outro lado, cresceu sobremaneira a importância das embalagens mais práticas, bonitas e ecologicamente corretas. Os avanços da indústria gráfica brasileira permitiram que esse setor atingisse grande diversificação. No Brasil, como em outros países, as grandes redes varejistas são hoje verdadeiros centros de difusão de marcas, onde a embalagem exerce papel fundamental.

As preocupações com o meio ambiente estão forçando os fabricantes a privilegiar os materiais recicláveis, o que exige dos designers um novo tipo de pesquisa e de planejamento. Por tudo isso, vivemos hoje em nosso país uma era de renovação das embalagens e o design desempenha um papel fundamental neste processo. Cabe às boas escolas de design, como é o nosso caso, formar uma nova geração de designers cultural e tecnicamente mais bem preparada para a sua missão.

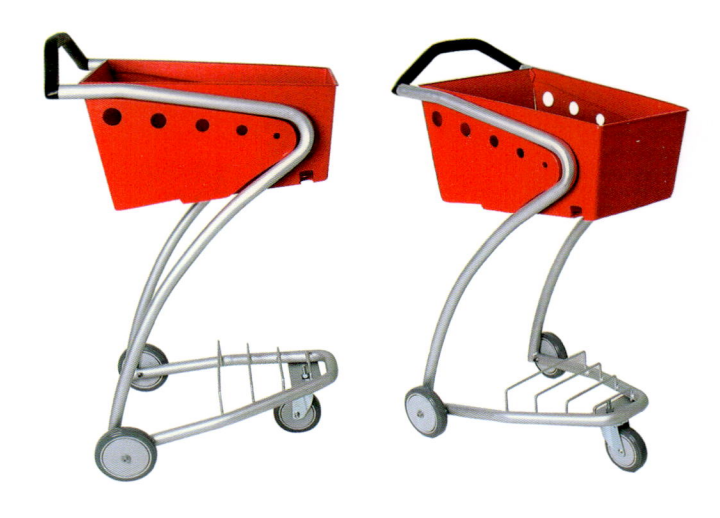

Leve,
carrinho de supermercado de pequeno porte,
projeto de **Allan Camargo**,
Carlos Eduardo K. Uyemura,
curso de Desenho Industrial da PUC-PR, Curitiba, PR.

Tradição, embalagens artesanais para produtos tradicionais, projeto de graduação de **André Marques Sales Araújo**, Escola de Design da Universidade Estadual de Minas Gerais (UEMG), Belo Horizonte, MG.

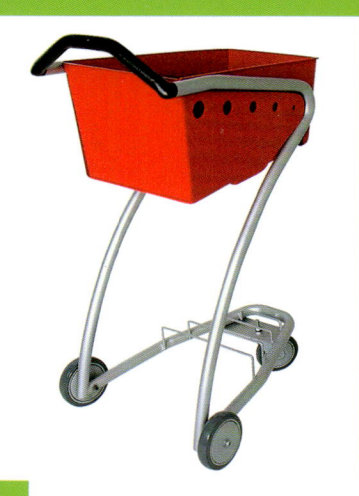

Conjunto de embalagens artesanais do projeto **Tradição**: doces, licores e geleias.

CRÉDITOS DAS IMAGENS PUBLICADAS

As imagens estão relacionadas por página e, em cada página, registradas da esquerda para a direita e de cima para baixo, salvo indicação contrária.

APRESENTAÇÃO

JOSÉ MINDLIN, UM REALIZADOR INCANSÁVEL
Pág. 7: José Mindlin © Acervo Biblioteca Guita e José Mindlin.

PANORAMAS

OS CAMINHOS DO DESIGN NO BRASIL
Pág. 15: Palestra NDI c. outubro de 1980 © Acervo Centro São Paulo de Design.
Pág. 17: Capa das publicações NDI-CIESP Núcleo de Desenho Industrial; FIESP/CIESP/NDI – Núcleo de Desenho Industrial; Mostra de Desenho Industrial do Setor de Eletroeletrônico; O Design e sua Proteção Legal; Artesanato e Desenho Industrial: um Processo Contínuo © FIESP/CIESP/NDI – Acervo Centro São Paulo de Design. Aloisio Magalhães e o Desenho Industrial no Brasil; MoMA Design: The Museum of Modern Art, New York; Guia de Informação: Design; Marketing no Projeto e Desenvolvimento de Novos Produtos © FIESP/CIESP/DETEC-NDI/Acervo Centro São Paulo de Design.
Pág. 18: Capa das publicações Chairs: Coleção do Museu de Arte Moderna de New York-MoMA Design © FIESP/CIESP/NDI/Acervo Centro São Paulo de Design.
Pág. 19: Prêmios: Design © FIESP/CIESP/DETEC-NDI/Acervo Centro São Paulo de Design.
Pág. 21: Exposição Design 500 Anos © Iatã Canabrava/Acervo Objeto Brasil; Catálogo Tradição e Ruptura © Acervo Objeto Brasil.

VANGUARDA SEMPRE
Pág. 22: Obra de Joaquim Tenreiro © Marco Pinto/Galeria Jo Slaviero e Guedes Galeria de Arte.
Pág. 24: Cadeiras de Lina Bo Bardi e Flávio de Carvalho © Iatã Canabrava/Acervo Objeto Brasil; Cadeira Paulistana © Antonio Saggese/Museu da Casa Brasileira; Cadeira São Paulo © Rômulo Fialdini; Banco Pixels © Acervo Jaqueline Terpins.
Pág. 25: Sofá Parisi, Cadeira de balanço © Acervo Teperman; Obra de Joaquim Tenreiro © Marco Pinto/Galeria Jo Slaviero e Guedes Galeria de Arte.
Pág. 26: Mesa Janeiro © Acervo Sérgio Rodrigues; Mesa Tavolo © Arnaldo Pappalardo; Camping Set © Acervo Bornancini, Petzold & Muller; Vaso Ninho e Cadeira Cone © Acervo Estúdio Campana.
Pág. 27: Pano Gueto; Jogo de mesa; Mancebo Clip; Varal Sequinha; © Museu da Casa Brasileira.
Pág. 35: Biombo-escultura © Acervo Estúdio Campana; Poltrona John Graz e Poltrona Parisi © Arnaldo Pappalardo.

MARCOS DO DESIGN BRASILEIRO
Pág. 29: Poltrona Mole © Acervo Sérgio Rodrigues.
Pág. 27: Mesa de John Graz © Arnaldo Pappalardo; Poltronas de Joaquim Tenreiro © Marco Pinto/Galeria Jo Slaviero e Guedes Galeria de Arte.
Pág. 32: Volkswagen modelo SP © Acervo Objeto Brasil; Volkswagen Brasília © Acervo Cedoc/Anfavea; Projeto e protótipo modelo 012 © Acervo Óbvio! Modelo 828/2 © Andrea Marques.
Pág. 34: Bafômetro © Pedro Garcia; Balança para Balcão © Acervo Família Pedreira.
Pág. 36: Tesouras Mundial © Chico Audi; Borrachas Mercur; Carretilha de pesca Mustard; Garrafa térmica Termolar; Elevador SUR © Acervo Bornancini, Petzold & Muller.
Pág. 37: Jeep Star Flex © TAC; Flat FCC II © Fiat; Ford EcoSport © Ford.
Págs. 38 e 39: Aviões Embraer © Embraer.
Págs. 40 e 41: Croquis © Cauduro/Martinho Arquitetos Associados; Poste de sinalização e equipamento para ponto de ônibus © Lew Parrela.
Pág. 43: Lançamentos de coleção © Acervo Carlos Mauro Fonseca Rosas.
Págs. 44 e 45: Prêmios © Divulgação Museu da Casa Brasileira.

ARTES & OFÍCIOS

O BRASIL DOS ARTESÃOS
Pág. 48: Susplat de palha © Pedro Garcia.
Pág. 51: Janela com barco © Dudu Cavalcanti/N Imagens.
Pág. 52: Torno © Delfim Martins/Pulsar Imagens;
Vasos © J. Albano/N Imagens; Azulejo; © Iatã Canabrava/
Acervo Objeto Brasil; Esculturas © Pulsar Imagens.
Pág. 53: Esculturas © Renato Castanhari Jr.;
Artesão © Rita Toledo/Vincent Brackelaire/Luciana Aguiar/
Shadow Design; Escultura Nossa Senhora e esculturas com
pendentes © Pedro Garcia.
Pág. 54: Serviço em cerâmica © Rita Toledo/
Vincent Brackelaire/Luciana Aguiar/Shadow Design;
Panela em pedra sabão © Pedro Garcia;
Moringa © Acervo Sandra Sobral Comunicação.
Pág. 55: Carrancas © Arisitides Alves/N Imagens;
Cachepô © Pedro Garcia;
Banco indígena © Iatã Canabrava/Acervo Objeto Brasil.
Pág. 56: Tingimento e secagem de fios; tear © Rita Toledo/
Vincent Brackelaire/Luciana Aguiar/Shadow Design;
Artesã em tear rústico © Eder Chiodetto;
Sapo em fibra © Pedro Garcia.
Pág. 57: Redes de descanso © Iatã Canabrava/
Acervo Objeto Brasil; Conjunto em tear ©Rita Toledo/
Vincent Brackelaire/Luciana Aguiar/Shadow Design;
Bordadeira © Renato Castanhari Jr.
Pág. 58: Canoa © Acervo Objeto Brasil.
Pág. 59: Veleiro Paratii2 © AKPE.

A ARTE DE EMBALAR
Pág. 61: Cartuchos © Miguel Takao Chikaoka.
Pág. 62: Caixa de doce © Gentil Barreira Neto.
Pág. 63: Paneiros © Miguel Takao Chikaoka.
Pág. 64: Abará © Célia Aguiar; Tzuan-zu © Jacek Iwanicki.
Pág. 65: Pamonhas © Décio Marmo de Assis.
Pág. 66: Ovos em palha © Décio Marmo de Assis;
Bala © Acervo Objeto Brasil;
Doce de buriti © Luiz Antônio Duailibi;
Rapadura © Pedro Garcia.
Pág. 67: Garrafa de pedra sabão © Pedro Garcia;
Garrafas com palhinha © Miguel Takao Chikaoka;
Conjunto de garrafas © Iatã Canabrava/Acervo Objeto Brasil.

O DESIGN POPULAR
Págs. 69: Mandala © Acervo Oficina de Agosto.
Pág. 70: Almofada © Acervo Oficina de Agosto.
Pág. 71: Esculturas © Acervo Oficina de Agosto; Tatu;
Boneca; Calhambeque; Latas © Acervo Oficina de Agosto.
Pág. 72: Objetos em Palha © Pedro Garcia.
Pág. 73: Cortina © Pedro Garcia.
Pág. 74: Almofada © Acervo Sandra Sobral Comunicação;
Tecido com rosas © Pedro Garcia.
Pág. 75: Cerâmicas © Acervo Objeto Brasil;
Manta © Pedro Garcia.
Págs. 76 e 77: Tecidos © Acervo Objeto Brasil/
Acervo Fernanda Martins.

O INTANGÍVEL NO DESIGN
Pág. 81: Panela © Pedro Garcia.
Pág. 83: Vaso Cariátide © Wagner Souza e Silva/
Acervo MAEUSP; Vaso Santarém © Iatã Canabrava/
Acervo Objeto Brasil; Garrafinhas © Acervo Forma e Relevo;
Trono © Acervo Palácio Bandeirantes.
Págs. 84 e 85: Arte Cantária © Werner Audhart/
Kino Fotoarquivo; Cocar amarelo © Acervo Objeto Brasil;
Cocar Azul © Wagner Souza e Silva/Acervo MAE-USP;
Máscara © Romano Martinis.

INDUMENTÁRIA

VESTINDO O DESIGN
Pág. 87: Vestido © Acervo Lino Villaventura.
Pág. 89: Vestido de vidro © Iatã Canabrava/Acervo Objeto Brasil;
Terno dourado © Cláudia Guimarães/Divulgação Cavalera;
Bustiê © Iatã Canabrava/Acervo Objeto Brasil.

SÃO PAULO FASHION WEEK E A INDÚSTRIA DA MODA
Págs. 91, 92, 93 e 94:
Desfiles e modelos © Fernanda Calfat.
Pág. 95 e 96: Modelos Lino Villaventura; Zoomp;
Alexandre Herchcovitch; Iódice © Fernanda Calfat;
Biquíni © JR Duran/Divulgação Cia. Marítima.

A MODA QUE VEM DA RUA
Pág. 98: Modelo Elisa Chanan © Cláudia Guimarães.
Págs. 100 e 101: Desfiles e modelos © Cláudia Guimarães.

UM TOQUE DE PERSONALIDADE
Pág. 103: Bolsa de Marília Brandão © Iatã Canabrava/
Acervo Objeto Brasil; Bolsa de Daniella Zylbersztajn
© Gustavo Zylbersztajn;
Bolsas de Serpui Marie © Renata Wainsztok.
Pág. 104: Bolsas Doll © Sandra Lea Fukelmann.
Pág. 105: Calçados © Divulgação MM.
Pág. 106: Calçados Morenatom © Studio Scala;
Calçados Azaléia © Divulgação Azaléia;
Tênis Rainha e Chuteira Topper © Divulgação Alpargatas;
Calçados interativos © Cia Mao.
Pág. 107: Relicário Brasil e Havaianas © Divulgação
Alpargatas/Almap.

A ARTE DO DESIGN
Pág. 109: Joia peitilho © Divulgação IBGM.
Pág. 110: Havaianas © Carlão/Click;
Colar e brincos © Acervo DPZ.
Págs. 111, 112 e 113: Colares, pulseiras e anéis
© Divulgação IBGM.
Pág. 114: Pingente Miriam Mamber © Almir Pastore;
Colar Miriam Mamber © Almir Pastore;
Pulseira Ruth Grieco © Almir Pastore;
Pendentes Catherine Clarke © Liliane Lima.
Pág. 115: Broche, Maria José Cavalcanti © Acervo MJC;
Colar Liliane Lima © Marcos Viana.
Pág. 116: Anéis de Antonio Bernardo © Divulgação AB;
Pulseira Liliane Lima © Liliane Lima;
Brincos de Marco Dualibi © Renato Berg.

LIBERDADE DE CRIAÇÃO
Pág. 119: Adereços © Fred Buss/Acervo Masi & Associados.
Pág. 120: Colar © Iatã Canabrava;
Colar e broche © Pedro Garcia;
Bijuterias © Frederico Busch/Acervo Masi & Associados.
Págs. 121, 122 e 123: Bijuterias © Frederico Busch/
Acervo Masi & Associados.

ESPAÇO VITAL

COZINHA TEM HISTÓRIA
Pág. 125: Panela de ferro © Abril Imagens.
Pág. 127: Fogão a lenha © Iatã Canabrava/Acervo Objeto Brasil; Colher de pau © Abril Imagens.

BELEZA E FUNCIONALIDADE NAS COZINHAS BRASILEIRAS
Pág. 129: Azeiteira © Pedro Garcia.
Pág. 130 a 133: Cozinhas Todeschini © Studio Majola.
Pág. 134 e 135: Porta-talheres; Objetos para pia; Porta-ovos; Tigelas © Pedro Garcia; Tesoura © Acervo Bornancini, Petzold & Muller; Garrafa Térmica © Tiago Moraes; Lavarroz © Pedro Garcia; Processadora Arno © Tiago Moraes.

A LINHA BRANCA BRASILEIRA
Pág. 137: Fogão Luna © Divulgação ICD.
Pág. 139: Forno e microondas; Refrigerador © Divulgação Multibrás.

ESTAR COM DESIGN: CONFORTO E BELEZA SÃO FUNDAMENTAIS
Pág. 140: Tampo de mesa © Acervo Claude Roberto Friedli.
Pág. 142: Cama Sutra © Acervo Teperman.
Pág. 143: Ambiente Todeschini © Studio Majola; Sofá e Poltrona © Marco Pinto/Galeria Jo Slaviero e Guedes Galeria de Arte; Mesa © Acervo Objeto Brasil; Biombo © Marco Pinto/Galeria Jo Slaviero e Guedes Galeria de Arte.
Pág. 144: Sofá © Eduardo Delfim; Poltronas OZ; Caracol e Curva © Estúdio Arredamento.
Pág. 145: Cadeira Rendeira © Flávia Pagotti Silva; Poltrona branca © Arquivo Remantec; Poltrona de fibra © Acervo Fabíola Bérgamo.
Pág. 146: Cadeira Curinga © Flávia Pagotti Silva; Cadeira Curva © Estúdio Arredamento; Revisteiro © Acervo Marisa Ota; Poltronas © Acervo Vincenzo Colonna; Cadeira desmontável © Acervo Luciano Deviá; Cadeiras © Eduardo Câmara; Banquinho © Flávia Pagotti Silva.
Pág. 147: Cadeiras de Joaquim Tenreiro © Marco Pinto/Galeria Jo Slaviero e Guedes Galeria de Arte; Cadeira de Suzana Padovano © Estúdio Arredamento; Cadeira Vincenzo Colonna © Acervo V C; Cadeira de Fabíola Bérgamo © Acervo FB; Marquesa © Arnaldo Pappalardo; Cadeira Slalow © Estúdio Arredamento.

Pág. 148: Aparador © Arnaldo Pappalardo; Mesa © Divulgação; Mesa © Arnaldo Pappalardo; Mesa © Acervo VC; Mesa © Marco Pinto/Galeria Jo Slaviero e Guedes Galeria de Arte; Mesas © Acervo Luciana Martins e Gerson Oliveira.
Pág. 149: Saladeira © Pedro Garcia; Pratos © Coelho e Beltramin; Fruteira © Fábio Cançado; Prato © Coelho e Beltramin; Fruteira © Acervo Luciano Deviá; Vasos © Acervo Marisa Ota; Vaso String; © Rômulo Fialdini.

PRATICIDADE PARA QUEM TRABALHA
Pág. 151: Estação de trabalho © Divulgação OM.
Pág. 152: Poltrona © Divulgação OM.
Pág. 153: Espaços de trabalho Remantec © Arquivo Remantec; Estação de trabalho © Acervo Teperman.
Pág. 154 e 155: Home-office © Studio Majola; Mesa © Divulgação OM; Mesa Dumont © Estúdio Flexiv de Design; Home-office © Studio Majola.

MOBÍLIA CONTEMPORÂNEA: DIVISOR DE ÁGUAS
Págs. 157 e 158: Imagens MC © Acervo Michel Arnoult.

DESIGN PARA TODOS
Pág. 161: Ambiente © Eduardo Girão.
Pág. 162 e 163: Catálogos © Acervo Tok&Stok.
Pág. 164 e 165: Estante e cama © Acervo Tok&Stok; Luminária Clic © Divulgação E27.

AS FORMAS DA LUZ
Pág. 166: Luminária © Estúdio Novo.
Pág. 169: Protótipo e Instalação © Divulgação CA.
Pág. 170: Giro © Andrés Otero; Plana © Puppin Fotógrafos; De mesa © Acervo de Ana e Dino Galli; Uauá © Puppin Fotógrafos.
Pág. 171: Veleiro © Andrés Otero.
Pág. 172: Luna © Eduardo Barcelos; Viva © Puppin Fotógrafos; Hot Hat © Divulgação E27; (coluna à direita) luminárias Duna © Divulgação E27.
Pág. 173: Luminárias 1, 2 e 3 © Guinter Parshalk. Uauá © Puppin Fotógrafos; Luna © Eduardo Barcelos; Dois Pontos © Carlos Piratininga.

ECODESIGN

DESIGN SUSTENTÁVEL
Pág. 174: Biombo © Iatã Canabrava.
Pág. 177: Cinzeiro © Acervo Objeto Brasil.
Pág. 178: Coletores © Acervo Revista Projeto Design; Vaso Amarelão © Rosa Esteves.
Pág. 179: Objetos em fibra © Acervo Sandra Sobral Comunicação; Fruteiras © Divulgação PP; Móveis © Divulgação Butzke.
Pág. 180: Vestido © Iatã Canabrava/Acervo Objeto Brasil; Gargantilhas © Iatã Canabrava/Acervo Objeto Brasil; Caixas e canetas © Andre Santana.
Pág. 181: Mochila © Acervo Objeto Brasil; Carrinho © Ary Perez.

TENDÊNCIAS DO DESIGN
Pág. 182: Biombo © Acervo Objeto Brasil.
Pág. 184: Revisteiro © Acervo Pedro Useche; Tampo de mesa.
Pág. 185: Mobiliário © Acervo Marisa Ota; Bancos © Acervo Objeto Brasil; móveis modulares © Acervo Sandra Sobral Comunicação.
Pág. 186: Luminária © Acervo Objeto Brasil.
Pág. 187: Banco em madeira © Acervo Objeto Brasil.
Pág. 188: Garrafa © Divulgação.
Pág. 189: Mantas; Banco e peças de madeira © Acervo Objeto Brasil.

COMUNICAÇÃO & MARKETING

ARTES GRÁFICAS – UMA REVOLUÇÃO PERMANENTE
Págs. 191 e 193: Obras e logotipo © Acervo Imprensa Oficial.
Págs. 194, 195 e 196: © Estúdio Eduardo Barcelos/Fotocontexto/ADG Brasil.
Pág. 198 e 199: Capas de livros © Companhia das Letras.
Pág. 200: Cartaz Nelson Freire © Manifesto Design; Cartaz documentário © Estúdio Eduardo Barcelos/Fotocontexto/ADG Brasil.
Pág. 201: Catazes © Manifesto Design.
Pág. 202: Placar © Estúdio Eduardo Barcelos/Fotocontexto/ADG Brasil; Capas Caros Amigos © Editora Casa Amarela.
Pág. 203: Revistas e songbook © Estúdio Eduardo Barcelos/Fotocontexto/ADG Brasil.

UM OLHAR SOBRE O DESIGN BRASILEIRO ÍNDICE CRÉDITOS DAS IMAGENS PUBLICADAS

O DIFERENCIAL TECNOLÓGICO
Pág. 204: Skol © Estúdio Eduardo Barcelos/Fotocontexto/ADG Brasil.
Pág. 206: Relatório Anual Natura © Estúdio Eduardo Barcelos/Fotocontexto/ADG Brasil.
Pág. 207: Kit © Estúdio Eduardo Barcelos/Fotocontexto/ADG Brasil.
Pág. 208: CD © Estúdio Eduardo Barcelos/Fotocontexto/ADG Brasil.
Pàg. 209: Cartazes © Estúdio Eduardo Barcelos/Fotocontexto/ADG Brasil; Logotipo MUG © AMUG.
Págs. 210 a 213: logos © Acervo Objeto Brasil/Fernanda Martins.

O MARKETING DESCOBRIU O DESIGN
Págs. 215 a 218: Campanhas e logomarcas © DPZ.
Pág. 219: Cartaz e Press kit © Estúdio Eduardo Barcelos/Fotocontexto/ADG Brasil.

DO ARMAZÉM AO SUPERMERCADO
Pág. 220: Marca 5! © Acervo Seragini Farné.
Pág. 222: Sabonete Gessy, Tágide e Lux © Acervo Seragini Farné.
Pág. 223: Leite de Rosas, Sucaretto © Acervo Seragini Farné; biscoito e chocolate, Nescau © Nestlé.
Pág. 224: Embalagens © Acervo Seragini Farné.
Pág. 225: Embalagens © Acervo Seragini Farné.
Pág. 226: Embalagens © Fabio Meirelles/ABRE.
Pág. 229: Embalagens © Fabio Meirelles/ABRE.

O DESIGN NA TELINHA
Pág. 231: Pranchas para animação © Rui de Oliveira.
Pág. 232 e 233: Logomarcas © TV Cultura.

O SELO DO DESIGN
Págs. 234, 236, 237, 238 e 239: Selos © Museu Correios/Departamento de Filatelia.

DESIGN & MERCADO

AS FORMAS DA SEDUÇÃO
Pág. 240 e 241: Embalagem © Estúdio Eduardo Barcelos/Fotocontexto/ADG Brasil.
Pág. 243: Embalagens © Isabella Salibe/ABRE.
Pág. 244: Embalagem e frasco Luiza Brunet © Fabio Meirelles/ABRE.
Pàg. 245: Embalagem Loop © Estúdio Eduardo Barcelos/Fotocontexto/ADG Brasil; Frasco Avon © Isabella Salibe/ABRE; Frasco Tarsila © Divulgação Boticário.
Pág. 246: Porta-perfume © Acervo Objeto Brasil; Embalagens Packing Design © Packing Design.
Pág. 247: Embalagens Mulher & Poesia © Isabella Salibe/ABRE; Packing Design Embalagens © Packing Design.
Pàg. 248: Frascos Rastro © Acervo Seragine Farné.
Pág. 249: Preservativos © Estúdio Eduardo Barcelos/Fotocontexto/ADG Brasil; Embalagem Lorence; Sundown Kids © Fabio Meirelles/ABRE.

A ALMA DOS BRINQUEDOS
Pág. 250: Bonecas © Jacek Iwanicki/Kino Fotoarquivo.
Pág. 252: Trenzinho © Fabio Colombini/Kino Fotoarquivo; Super Kart Turbo © Divulgação Bandeirante; Motoban © Rodolfo Ancona Lopez.
Pág. 253: Brinquedos de praia © Divulgação Nillo; Fogão de lata © Iatã Canabrava/Acervo Objeto Brasil; Carrinho © Pedro Garcia; Fantoches © Acervo Objeto Brasil.
Pág. 254: War II © Elvio Russo/Grow; Bidu © Divulgação Maritel.
Pág. 255: Susi e Banco Imobiliário © Divulgação Estrela. Trilha do Tesouro © Estúdio Eduardo Barcelos/Fotocontexto/ADG Brasil.

INOVAÇÃO COMO OBJETO DE DESEJO
Págs. 257 a 261: Equipamentos © Divulgação Gradiente.

IDENTIDADE E MERCADO
Pág. 262: Joias de Miriam Mamber © Rômulo Fialdini.
Pág. 264: Jato Legacy © Embraer; Guaraná Jesus © Divulgação The Coca-Cola Company.
Pág. 266: Selos © Acervo Objeto Brasil.
Pág. 269: Embalagem Caipirinha © CBL.
Pág. 270 e 271: Pertochek © Divulgação OM; Totem © Iatã Canabrava/Acervo Objeto Brasil.

DESIGN & CULTURA

A EDUCAÇÃO DO OLHAR
Pág. 273: Sinalização © Estúdio Eduardo Barcelos/Fotocontexto/ADG Brasil.
Pág. 277: Havaianas © Divulgação Almap.
Pág. 278 e 279: Sinalização © Estúdio Eduardo Barcelos/Fotocontexto/ADG Brasil.
Pág. 280: Bicicleta © Divulgação Caloi.
Pág. 281: Cena de filme © Divulgação; Suporte © Divulgação Luzes BR.

A CULTURA DO DESIGN
Págs. 282 e 284: Exposição © Paquito/Acervo SESC.
Pág. 285 e 286: SESC Pompéia e Vila Mariana © Acervo SESC; SESC Pinheiros © Nilton Silva/Acervo SESC.

DESIGNERS EM FORMAÇÃO
Pág. 289: Esboços 1, 3 e 4 © Acervo FM; Esboço 2 © Acervo DVL.
Pág. 290: Lancha © Acervo dos designers.
Pág. 291: Mar6 © Acervo FM; Emma e Nave © Acervo Suzana Padovano.
Pág. 292: Pulverizador © Acervo dos designers; Lixeiras © Almir Bindilatti/Liceu de Artes e Ofícios da Bahia.
Pág. 293: Luminárias Amuleto e Omolu © Almir Bindilatti/Liceu de Artes e Ofícios da Bahia; Maçaneta © Divulgação La Fonte; Prendedor © Divulgação MCB; Luminária Nave Sergio Yano © FAAP.
Pág. 294 e 295: Air Press © Acervo AT; Aliás © Acervo LW; Livros © Acervo LHDM; Identidade Visual © Acervo dos designers; Bancos © Acervo das designers; Cubo © Almir Bindilatti/Liceu de Artes e Ofícios da Bahia; Estela © Almir Bindilatti/Liceu de Artes e Ofícios da Bahia; Quatro © Acervo PB; Flex © Almir Bindilatti/Liceu de Artes e Ofícios da Bahia; Caixas © Acervo Suzana Padovano; Espreguiçadeira © Acervo dos designers.
Pág. 296: Leve © Acervo dos designers.
Pág. 297: Tradição © Acervo de AMSA.

PATROCÍNIO | CO-PATROCÍNIO

SEBRAE

ABIHPEC sipatesp

havaianas

ABIT
Associação Brasileira da Indústria Têxtil e de Confecção

Nestlé
Good Food, Good Life

ABRINQ
Associação Brasileira dos Fabricantes de Brinquedos

SESC SP
São Paulo - Brasil

IBGM
INSTITUTO BRASILEIRO DE GEMAS E METAIS PRECIOSOS

gradiente

PARCEIROS

DPZ

TOK&STOK

ESPM

APOIO

Ministério do Desenvolvimento, Indústria e Comércio Exterior
Secretaria de Tecnologia Industrial
Diretoria de Articulação Tecnológica

BRASIL UM PAÍS DE TODOS — GOVERNO FEDERAL

SECRETARIA DE ESTADO DA CULTURA

CASA CIVIL

MRE

SENAI SÃO PAULO DESIGN

CIEE

IPT — Instituto de Pesquisas Tecnológicas

INSTITUTO UNIEMP

alumni

CULTURA — Fundação Padre Anchieta — www.tvcultura.com.br

FIESP

GOVERNO DO ESTADO DE SÃO PAULO — RESPEITO POR VOCÊ

SUTACO — Superintendência do Trabalho Artesanal nas Comunidades

EX-LIBRIS — O ESTADO DE S. PAULO

CenDoTeC

CNPq — Conselho Nacional de Desenvolvimento Científico e Tecnológico

Programa do Artesanato Brasileiro

AE Agência Estado

PBD — Programa Brasileiro do Design

abre — Associação Brasileira de Embalagem

Comitê de Design

SILEX

AGRADECIMENTOS

ADG Brasil

abrabe
associação brasileira de bebidas

CASTANHARI
COMUNICAÇÃO & MARKETING

Hopen Consult
Gestão Empresarial e Contábil Ltda

teperman